日本病

なぜ給料と物価は安いままなのか

永濱利廣

講談社現代新書

2661

はじめに

日本経済はバブル崩壊以降30年、ほとんど成長していません。「好景気」とは何であったか忘れるほど、あるいは「経済成長」も「オイルショック」も教科書でしか知らない世代が30代になるくらい、日本はずっとデフレのなかにありました。「低所得・低物価・低金利・低成長」の「4低」は、もはや「ふつう」になりつつあります。

最近では『安いニッポン 「価格」が示す停滞』（中藤玲著、日経プレミアシリーズ）という本がベストセラーになるなど、「高い日本」というイメージはもはや過去のものであることが周知されてきました。いまや「タイやフィリピンより安い」とさえ言われています。

確かに、経営幹部の給与を比較すると、日本は主要国のなかで下から数えたほうが早くなっています。中国対比で約3割安、韓国対比で約2割安で、フィリピン、インドネシア、タイより低い水準です（マーサー ジャパンの調査による）。日本の賃金は非管理職レベルではそれほど安くないのですが、課長レベルで韓国に肩を並べられ、部長レベルでは中国に逆転されているのです。

海外旅行に行っても、「安い！」より「高い！」と感じることのほうが多くなりました。「マイナス金利」も、手数料のほうが高いレベルの銀行の預金利子も、すでに我々の「当たり前」。多くの人が、「今日より明日のほうが厳しくなる」と考える、デフレマインドで生きています。

第二次世界大戦後の焼け野原から奇跡の経済成長を遂げ、世界2位の経済大国となり、バブル景気で沸いた１９９０年前後にはニューヨークのロックフェラーセンターや世界の名画を買い漁《あさ》っていた「高い日本」が、なぜこんなに「安い日本」になってしまったのでしょうか。

本書では、日本の絶望的に長期化した「4低」状況を、「日本病」と名付けました。お察しのとおり、これは１９６０年代から１９８０年代にかけて、長期にわたり社会・経済が停滞したイギリスの状況、いわゆる「英国病」になぞらえたものです。

海外との比較、そして日本に独特な事情も検討しながら、この「病」をいろいろな角度から分析し、現状を招いた原因と、ここから脱却するための道筋を考察します。

残念ながら、このまま大した対策もとらず、ただ手を拱《こまね》いていたら、日本の状況はもっともっと悪くなりえます。未来の日本像は、例えば、こんな感じです。

回転寿司のネタは、向こうが透けて見えそうなほど極薄のマグロやサーモン。おいしい和牛はほとんど輸出され、もう10年来食べていない。楽しみだった年に一度の海外旅行も、ハワイへ行くのに一人１２０万円かかり、それでも格安扱い。国内の温泉旅行でも50万円。一生のうち、あと何度行けるだろうか。比較的給料の安定した勤め先と言えば、外資系企業の工場か、外国人向けホテルのサービス係。昔、世界中のリゾートで自分たちが受けていたサービスを提供する側になるなんて、思ったこともなかった——。

こんな未来は、悪夢にすぎないとは言い切れないところまで、現実は迫ってきています。日本はそれだけ深刻な「病」にかかっているのです。

しかし、少しだけ希望を先取りするなら、「日本病」は不治の病ではありません。きちんと療養し、病み上がりの身体で筋トレを始めるようなことをしなければ、治る可能性はあります。

さらに、今の日本経済を「ありのまま」理解することは、老後に年金はもらえるのか、日本の財政赤字は本当に危機的状況なのか、なぜあなたは無条件に「節約しなければならない」と思っているのか、といった問いへの答えにもなります。結果、日本の真に「危ない」ところと、意外に「大丈夫」なところ、両方が見えてくるはずです。

そのうえで、ここ30年ほど私たちが共有し続けている「茫漠とした不安」の正体は何なのか、その不安はどのくらい妥当なのか、についても改めて考え、明日の行動につなげていただければ幸いです。

目次

第4章　「低金利」ニッポン――89

第5章　「低成長」ニッポン

編集協力／今岡雅依子

第1章　日本病

——低所得・低物価・低金利・低成長

「ビッグマック指数」で見る「安い日本」

では、実際のところ日本はどの程度「安い」のか、具体的なモノで見ていきましょう。

世界中のマクドナルドで売られている「ビッグマック」の価格を比較した、有名な「ビッグマック指数」という指標があります。これは、イギリスの経済誌「エコノミスト」が毎年2回発表していて、世界共通で売られているハンバーガーの価格を比較することで、各国の購買力を比較しようというものです（図表1-1）。

2022年1月版を見ると、日本は389円（3・38ドル）で57ヵ国中33位です。韓国は440円（3・82ドル）で27位、中国は441円（3・83ドル）で26位、タイは442円（3・84ドル）で25位と、すでにタイ、中国、韓国よりも安いことがわかります。

上位を見てみると、3位のアメリカは669円（5・81ドル）、2位のノルウェーは736円（6・39ドル）、首位のスイスは804円（6・98ドル）と、日本とは2倍を超える差がありました。

このほか、カナダは613円（5・32ドル）で7位、イギリスは555円（4・82ドル）

図表1-1　世界の「ビッグマック」価格ランキング

順位	国名	価格(円)	順位	国名	価格(円)	順位	国名	価格(円)
1位	スイス	804	20位	コスタリカ	475	39位	レバノン	376
2位	ノルウェー	736	21位	チェコ	474	40位	ハンガリー	356
3位	アメリカ	669	22位	サウジアラビア	461	41位	ベトナム	351
4位	スウェーデン	667	23位	バーレーン	459	42位	オマーン	345
5位	ウルグアイ	626	24位	チリ	447	42位	ヨルダン	345
6位	イスラエル	616	25位	タイ	442	44位	モルドバ	333
7位	カナダ	613	26位	中国	441	45位	香港	325
8位	ベネズエラ	583	27位	韓国	440	46位	フィリピン	321
9位	ユーロ圏	570	28位	ニカラグア	436	47位	エジプト	312
10位	イギリス	555	29位	ホンジュラス	417	48位	台湾	311
10位	デンマーク	555	30位	カタール	411	49位	アゼルバイジャン	305
12位	アラブ首長国連邦	534	31位	クロアチア	406	50位	南アフリカ	297
13位	ニュージーランド	530	32位	ポーランド	396	51位	インド	294
14位	オーストラリア	520	33位	グアテマラ	389	52位	ウクライナ	280
15位	シンガポール	502	33位	日本	389	53位	ルーマニア	277
16位	ブラジル	497	35位	ペルー	387	54位	マレーシア	275
17位	アルゼンチン	494	36位	パキスタン	385	55位	インドネシア	272
18位	スリランカ	478	36位	メキシコ	385	56位	トルコ	214
19位	クウェート	476	38位	コロンビア	379	57位	ロシア	201

(注)同位の場合は国名称順。2022年1月時点のデータ(1ドル=115.23円)
(出所)「The Economist」 The Big Mac index

で10位。日本と同じ389円（3・38ドル）だったのはグアテマラで、前後は、32位がポーランド396円（3・44ドル）、35位がペルー387円（3・36ドル）となっています。

このあたりは、私たちがそれぞれの国へ海外旅行に行ったときの物価の実感と近いのではないでしょうか。

「100均指数」で見る「安い日本」

日本発の商品でも見てみましょう。日本の「100円ショップ」は世界中で展開されている巨大なグローバルチェーンです。

しかし、日本では「100円均一」として認識されていますが、商品を本当に100円で買うことができるのは実は日本だけです。某チェーンの世界各地の店舗で同じ商品の値段を比較した、いわば「100均指数」を見てみると、次のようになりました(図表1-2)。

アメリカ162円、中国153円、タイ214円、シンガポール158円、オーストラリア208円、ブラジル215円。

どこも日本の1・5倍以上の値段です。

輸送コストや関税の問題かと思われるでしょうが、100均商品の生産地は同じですから、どこの国へも「同じ生産地からの輸出」となります。

それでもこれだけ値段に差がつくのは、ひとつには人件費が海外のほうが高いからです。つまり、モノ自体の値段に上乗せされている人件費の差ということです。

図表1-2 「100円ショップ」の値段の国際比較

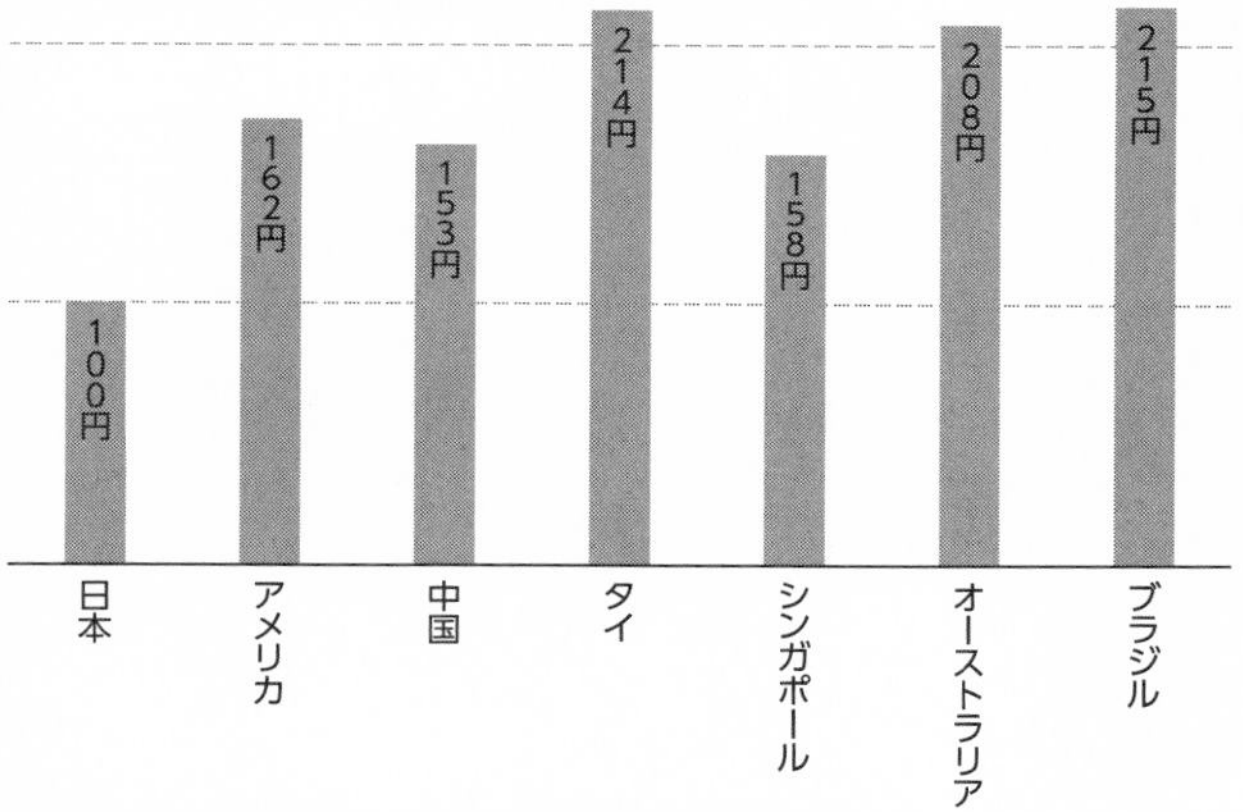

(注)主な商品の税抜き価格。2019年10月31日時点での円換算
(出所)日経電子版2019年12月10日

もうひとつは、「高くても買う人がいるかどうか」ということです。日本で「100均」の商品が200円になったら、買う人がかなり減ってしまうだろうと予想されます。「100均」として認知されすぎているので、なかなか値上げできないということもありますが、そのため賃金も上げづらくなっています。

100円ショップの大手企業が国内展開を始めたのは、なんと1980年代後半のことです。つまり30年以上も、100円のまま値段が変わっていないのです。これは世界的に見るとかなり異常です。そして「値上げできない」

というのは、日本のデフレ長期化にも関わる大きな問題なのです。海外の国々ではそうならないよう、日本を反面教師にしていることもあり、「１００円ではない均一ショップ」になっているのでしょう。

今や韓国よりも低い賃金

日本が安いのは物価だけではありません。図表１－３は、主要先進国と言われるG７諸国（日本、アメリカ、イギリス、ドイツ、フランス、イタリア、カナダ）＋韓国の１年あたりの平均実質賃金を算出したグラフです。日本のずいぶん低い位置が気になると思いますが、まずは用語を説明しておきます。

縦軸にある「購買力平価」とは、わかりやすく言えば、「ビッグマック指数」を、すべての財・サービスに換算したようなものです。もう少し正確に言うと、「自国通貨と外国通貨で同じものを購入できる比率で算出された為替レート」です。これで実質賃金を比較しています。

例えば、同じ量、同じ品質の製品がアメリカで１ドル、日本で１５０円だった場合

図表1-3　G7諸国と韓国の実質賃金の推移

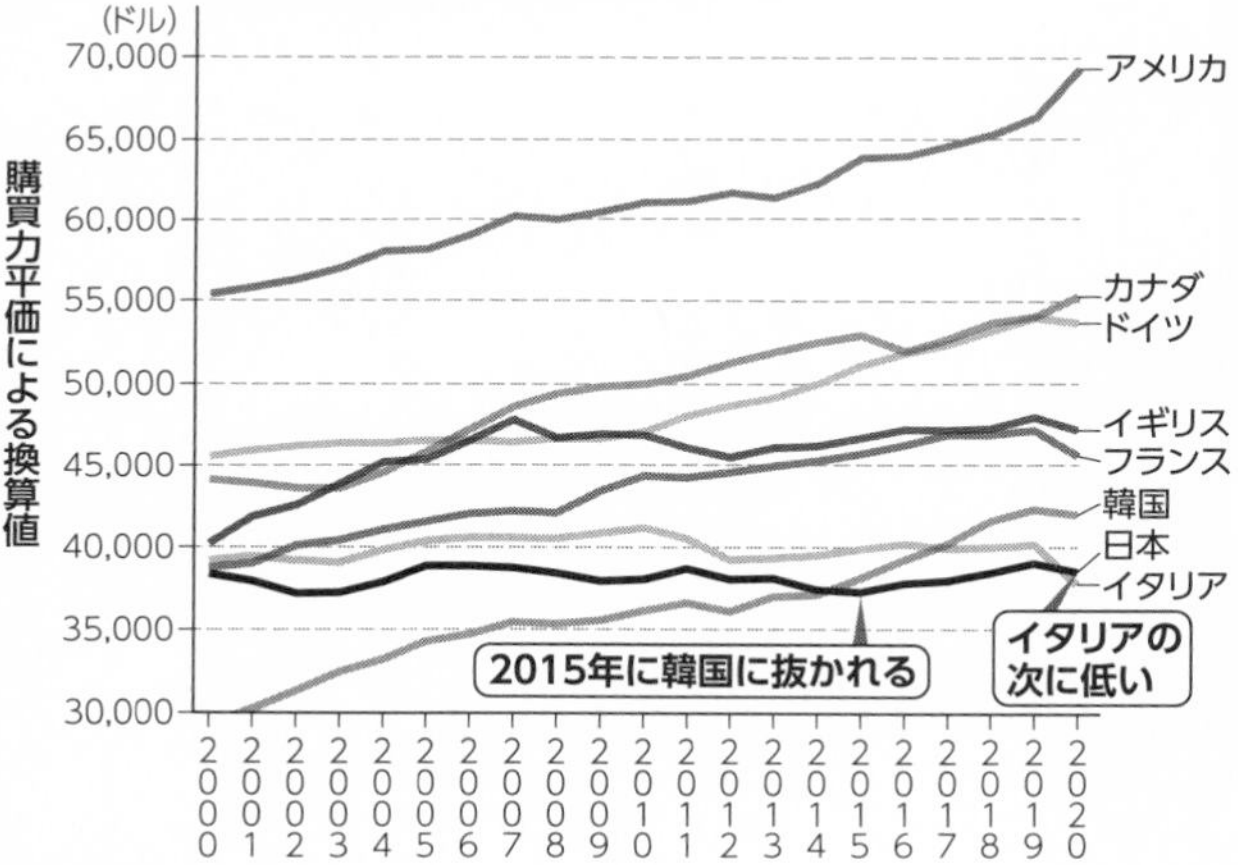

(出所)OECD

には、実際の為替が1ドル＝116円だったとしても、1ドル＝150円として考えるということになります。

なぜこれを使うかと言えば、国家間で物価水準が異なるからです。もし賃金の額面が他国より小さかったとしても、国内の物価がさらに安ければ、相対的にモノやサービスをたくさん手に入れることができますし、逆もまたしかりです。つまり「購買力平価」で見ることで、単に為替レートで単位を揃えただけでは見えてこない、より生活実感に近いかたちでの国際比較ができるのです。

さて、このグラフを見ると、圧倒的

に飛び抜けているのがアメリカです。2000年から高水準で伸び続け、2020年時点での実質賃金は7万ドル（750万円）に届く勢いです。これにカナダ、ドイツが5万5000ドル（590万円）前後で続きます。

一方で日本は、イタリアに次いで低い位置にいます。2015年以降は韓国にも抜かれ、差がひらいています。イタリアはコロナ・ショックの影響で2020年は最下位になりましたが、2000年以降2019年まで、日本はイタリアより低い賃金でした。

長い間、賃金が上昇していない国も日本とイタリアだけです。日本は0・4％、イタリアはマイナス3・6％（ただし2019年時点ならプラス2・5％）で、2000年からの20年間、実質的に「昇給ゼロ」状態だったことを示しています。

対してアメリカは25・3％、カナダは25・5％、イギリスは17・3％、韓国に至っては43・5％と、世界の国々の賃金は右肩上がりで伸びています。

いかに日本の経済が、長期的に停滞しているかがわかります。

なお、韓国が順調に賃金上昇しているのは、最低賃金を段階的に引き上げ続けていることも大きな要因です。2013年～2017年の引き上げ率の平均値を見ると

7・2％で、さらに2018年からは文在寅《ムンジェイン》政権が10％を超える大幅な最低賃金の引き上げを行いました。この間、安い人件費でなんとかもっていたような中小企業はかなり姿を消して失業者も増えましたので、必ずしも良いことばかりではないのですが、国全体の賃金上昇には貢献したと言えます。

日本病の現状

日本病の様子は、「賃金上昇率」「インフレ率（物価上昇率）」「長期金利」「経済成長率」を並べてみても、よくわかります（図表1－4）。

「長期金利」は先々の期待なども織り込みながら動くので滑らかですが、実体経済を表す「賃金上昇率」や「インフレ率」「経済成長率」はギザギザしながらも右肩下がりのトレンドです。そしていずれも、1990年前後のバブルの頃の値を超えていません。日本はバブル崩壊以降、低所得・低物価・低金利・低成長の「4低」時代に突入し、30年後の今なお日本病から抜け出せていないのです。

では、なぜバブルが崩壊するとこういう状況になりやすいのでしょうか。

図表1-4 日本の「賃金上昇率」「インフレ率」「長期金利」「経済成長率」の推移

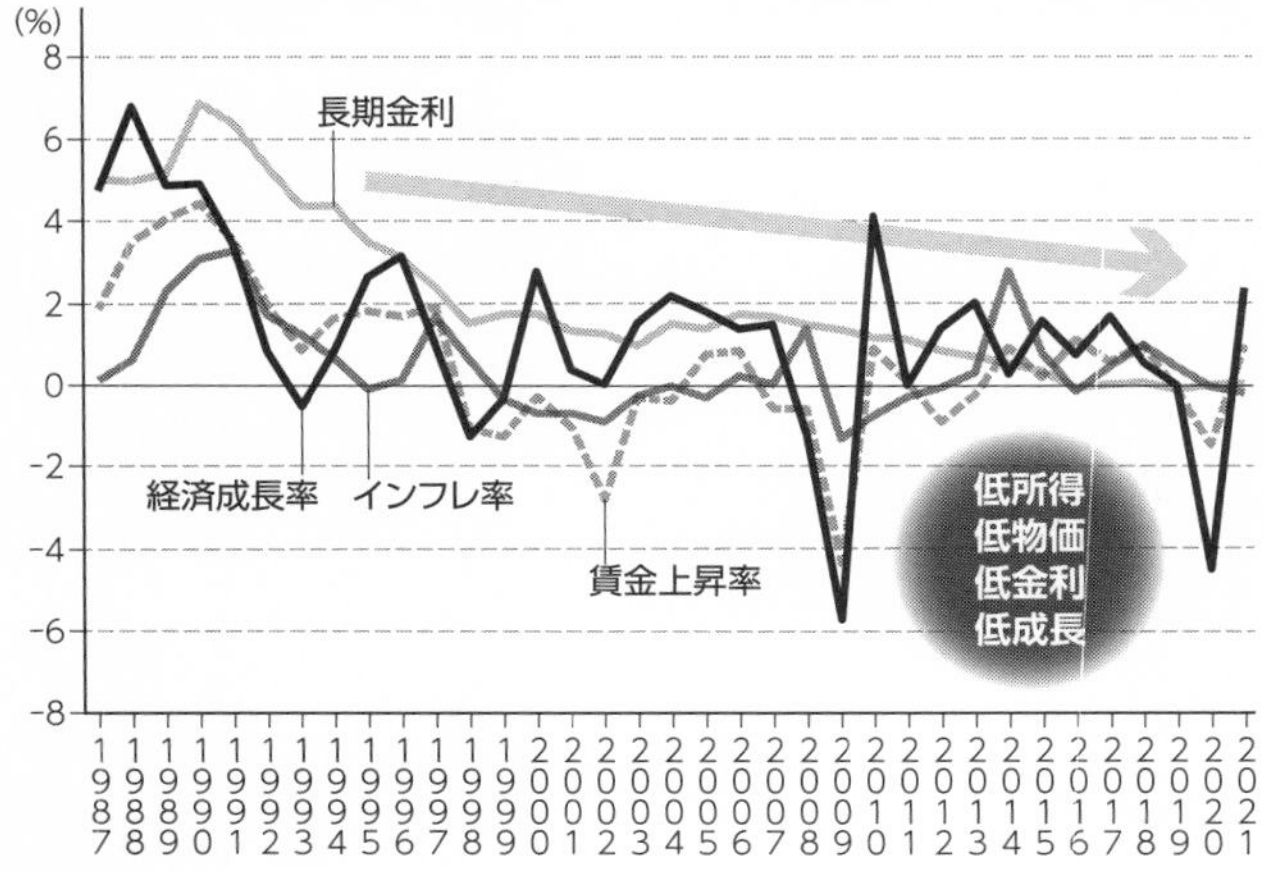

（出所）IMF

「バブル」とは、株や土地などの資産価値が実態より過剰に上がってしまうことです。

そのため、例えば不動産を担保にお金を借りる場合にも、その不動産の実力以上に高額なお金を借りられてしまいます。バブルが弾けたら当然、資産価値は下がりますが、借りたお金の額面は変わりません。売ろうにも、不動産の実力相応か、それ以下の値段でしか売れませんから、借りたお金が返せなくなります（過剰債務）。

こうして回収困難となった貸付金（貸し手側から見た債権）が「不良債権」です。バブル崩壊後の日本で、いちばん経済の足かせになったのがこの不良債権問題でした。

「経済が良くなる」とは、稼いだお金がモノやサービスの消費に使われて、世の中のお金の循環が良くなることです。しかし過剰債務になると、モノやサービスにお金を使う前に、まず借金を返済しなければなりません。稼いだお金が借金返済に回ってしまうため消費に結びつかず、消費が低迷していきます。モノが売れないので賃金が上がらない。賃金が上がらないので消費を控える——こうして、デフレに陥っていきました。

日本病の本質はデフレにある

「デフレ」という言葉は日本ではもはや連日のように聞いているので、すっかり耳に馴染んでしまったかもしれませんが、うかつに馴染まないほうがよい恐ろしいものです。ここで改めて確認しておきましょう。

IMF（国際通貨基金）の定義によれば、2年以上にわたり物価が下がり続けることを「デフレ（デフレーション deflation）」と言います。

「物価が下がる」ということは、裏を返せば「お金の価値が上がる」ということです。

図表1-5 なぜ日本の給料は上がらないのか?

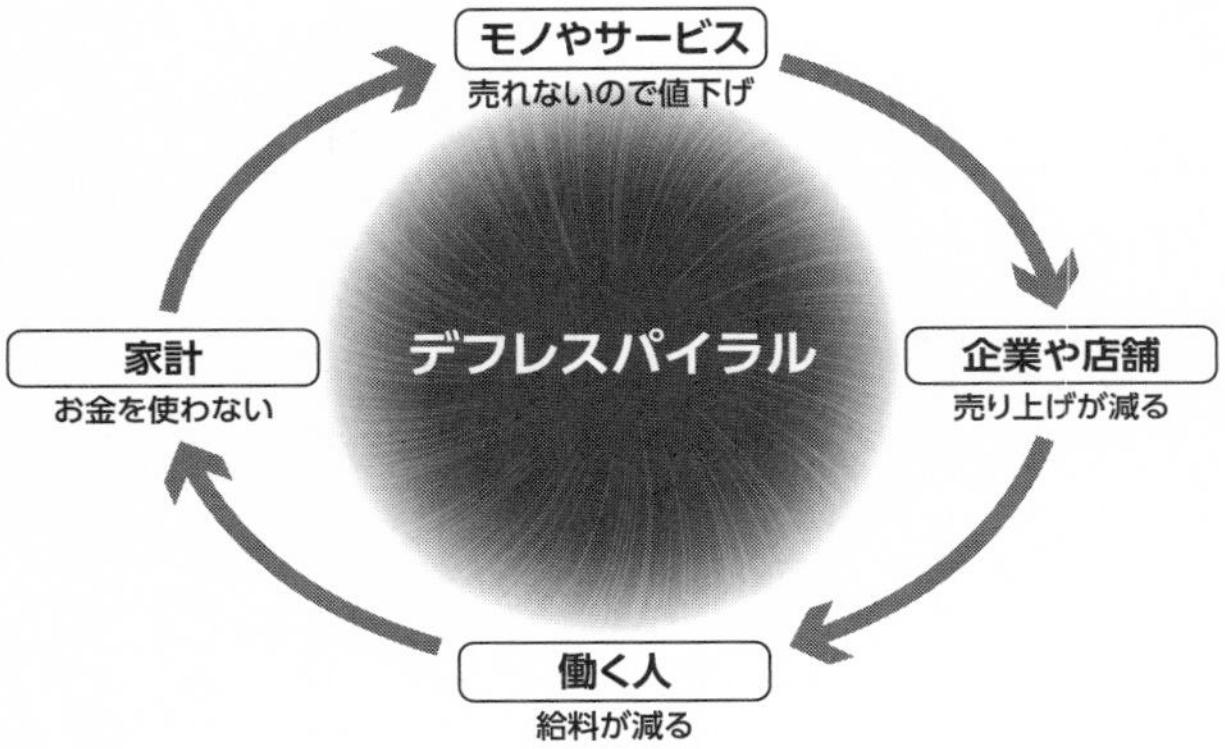

そうなると、デフレ状況における合理的な経済行動は「欲しいモノがあったときはなるべく我慢する」になります。なぜなら、物価が下がっていくので、できるだけ必要ギリギリまで待ったほうが、安く買えるからです。そうやって、人がお金を使わなくなります。

人がお金を使わないので、モノやサービスが売れにくくなります。モノやサービスが売れにくくなると、企業は価格を下げることで競争力を得ようとします。日本でよく聞かれる「価格破壊」が最たる例です。しかし、値下げによって儲《もう》けは減るので、働く人の給料は上がりにくくなります。給料が上がりにくくなれば人々はさらにお金を使わなくなり、モノやサービスが売れなくなります――この悪循環がデフレスパイラルです（図表1-5）。

当然、景気はますます悪くなっていきます。将来への不安からお金を「使う」より「貯める」ようになり、金利も上がりにくくなります。なぜなら、金利はお金の需給で決まるからです。こうなってくると、もちろん経済成長もしにくくなります。こうして、日本の「4低」現象＝「日本病」が作られました。

日本化（ジャパニフィケーション）の恐怖

「低所得・低物価・低金利・低成長」――バブル崩壊以降、日本に定着したこの「日本病」は、海外の国々からは「日本化（Japanification）」と呼ばれています。「ああはなりたくない」という恐れから、日本の不況は世界の経済学の研究テーマにもなってきました。

特に「100年に一度の不況」と呼ばれた2008年のリーマン・ショック後には、各国で「日本化」現象が起きました。アメリカの住宅バブル崩壊を主因とするリーマン・ショックと、そこから広がった経済全体へのダメージは、日本のバブル崩壊と同じような状況をもたらしました。日本のバブル崩壊は日本国内だけでおさまりましたが、リーマン・ショックは経済のグローバル化も手伝って世界中にダメージが波及したので、むしろより影響力が大きな不況だったかもしれません。

しかし、日本以外の先進国では、日本のように長期間デフレに陥ることはありませんでした。

いったい何が違ったのでしょうか。

それは政府や中央銀行がデフレを放置し長期化させたか、放置せずに正しく対応したか、の差です。

海外は日本の失敗から学んでいたのです。経済政策の失敗でデフレを放置してしまい、日本病に陥った日本の姿を見て、不況への対策を研究していたからこそ、リーマン・ショックのときに迅速かつ大胆な経済政策を行うことができたのです。

その結果、デフレを回避し、「日本化」を免れることに成功しました。

デフレを放置すると、取り返しのつかないことになる

海外の国々がここまで「日本化」を恐れるのは、30年間デフレを放置するとどうなるか、実際に日本の状況を目の当たりにしているからです。

不況になると自殺者が増えます。日本では1998年に年間自殺者数が3万人を超え、以後は減りつつあるものの、なお2万人を上回る高い水準のままです。自殺率で見ても、人口10万人あたり15・3人と、日本はG7諸国中トップです。

さらに低所得や将来不安の影響か、結婚しない若者が増えており、出生数もほぼ毎年下がり続けています。2000年に119万547人だった出生数は、2020年には84万835人に減少しています。これは1899年の調査開始以来、最少の出生数でした。

不況によって、人口にまで大きな影響がおよんでいる——こう考えると長期化したデフレの恐ろしさがわかるでしょう。

デフレを克服する方法

では、海外の国々が日本の長期停滞から学びとり、見事リーマン・ショックから立ち直ることができた経済政策とは、どのようなものなのでしょうか。

リーマン・ショック当時、FRB議長だったベン・バーナンキ氏は、プリンストン大学でバブル崩壊後の日本の長期不況を研究していた人です。そして偶然にも、彼の任期中の2008年9月15日にリーマン・ショックが起きました。FRBとは、米連邦準備制度理事会（Federal Reserve Board）のことで、アメリカの中央銀行にあたります。同年10月8日には、アメリカとヨーロッパの6中央銀行は協調利下げに踏み切りました。その後、バーナンキ氏は、デフレ脱却の特効薬として机上で考えていた「量的緩和政策」を実行に移すことを決めます。

そもそも、経済を安定させるために国ができる政策は、大きく分けて「金融政策」と「財政政策」の二つです。そして、金融政策は中央銀行が、財政政策は政府が担います。

量的緩和とは、端的に言えば、中央銀行が市中でたくさんの金融商品を買って、市場に供給するお金の量を増やす金融政策のことです。伝統的な金融政策では「金利」を下げることで緩和していましたが、「量」を増やすというところが新しい点でした。

しかし、供給されたお金が使われなくては、効果は限定されます。政府主導でお金の使い道をつくること、これが財政政策（財政出動）です。道路を作ったり橋を架けたりといった大規模な公共工事、あるいは減税や給付金などがこれにあたります。

リーマン・ショック後、欧米が積極的に行った経済政策とは、この二つを両輪で回すことでした。「日本化」を防ぐため、バブル崩壊後の日本を反面教師に、大胆な金融政策と大規模な財政出動を行うことで、なんとかデフレを回避できたのです。

実は、小規模な量的緩和政策は、日本の中央銀行である日本銀行が先に導入していましたが、大規模なものはリーマン・ショック後に欧米で初めて市場に導入されました。バーナンキ氏らが研究していたように、理論としてはありましたが、そこまで大規模なものが実行に移されたことはありませんでした。欧米は未曾有の危機に対して、まったく新しいやり方で挑んだのです。

結果は、先に見た実質賃金のグラフ（図表1－3）に表れたとおりです。経済は無事に復活し、むしろ成長を加速させています。アメリカに続き量的緩和を行った他国でも、続々とデフレ回避に成功していきました。景気が良くなれば、税収が増え、財政出動で使ったお金も回収できます。

こうして現在では、この「量的金融緩和政策＋大規模財政出動」が、デフレ対策の定石となっています。

ちなみにこのとき、日本はこれに加わらず、慎重な姿勢を崩さなかったため、異常な円高・株安を招きました。それによって引き起こされたのが、多くの生産拠点の海外移転とそれに伴う地方経済の破壊、いわゆる「産業空洞化」です。これはバブル崩壊で傷《いた》んでいた地方経済を完全に疲弊させました。完全な失策です。

バブル崩壊後、ゼロ金利政策まで

なぜ日本は、こんなに長期間、デフレを放置することになってしまったのか。それを考えるために、元凶であるバブル崩壊後を振り返ってみましょう。

バブル崩壊により資産価値が暴落したことで、日本は不良債権処理に追われることになります。しかし、本当は不良債権処理から始めるべきではなかったのです。このときは、まず、金融政策と財政政策を積極的に行って、経済を健康な状態に戻すことを優先すべきでした。そして経済が良くなったところではじめて、不良債権処理を行えばよかったのです。

というのも、下がった資産価値を早めに引っ張り上げることができれば、負の影響は軽減できたからです。景気が良くなり債務者側の経営が立ち直れば、「不良債権」は「正常の債権」に変わりえます。

不良債権処理というのは、人間に例えるとダイエットのようなもので、体にもそれなりの負担がかかります。誰も病床の身でダイエットはしません。病気のときにはお粥の炭水化物量を気にしている場合ではなく、しっかり栄養を摂って病気を治すのが最優先です。それなのに、日本はまだグッタリしているときにダイエットを始めてしまったのです。ゆえに、病気をこじらせた＝デフレを長引かせてしまったのです。

さらに、行うスピードも大切です。

詳しくは第5章で見ますが、日本は1990年にバブルが崩壊してもしばらくの間、利上げしていました。ようやく利下げに転じたのが1991年7月、そして日銀の速水優総裁が「ゼロ金利政策」を打ち出したのは1999年2月でした。バブル崩壊か

図表1-6 日米の政策金利の推移

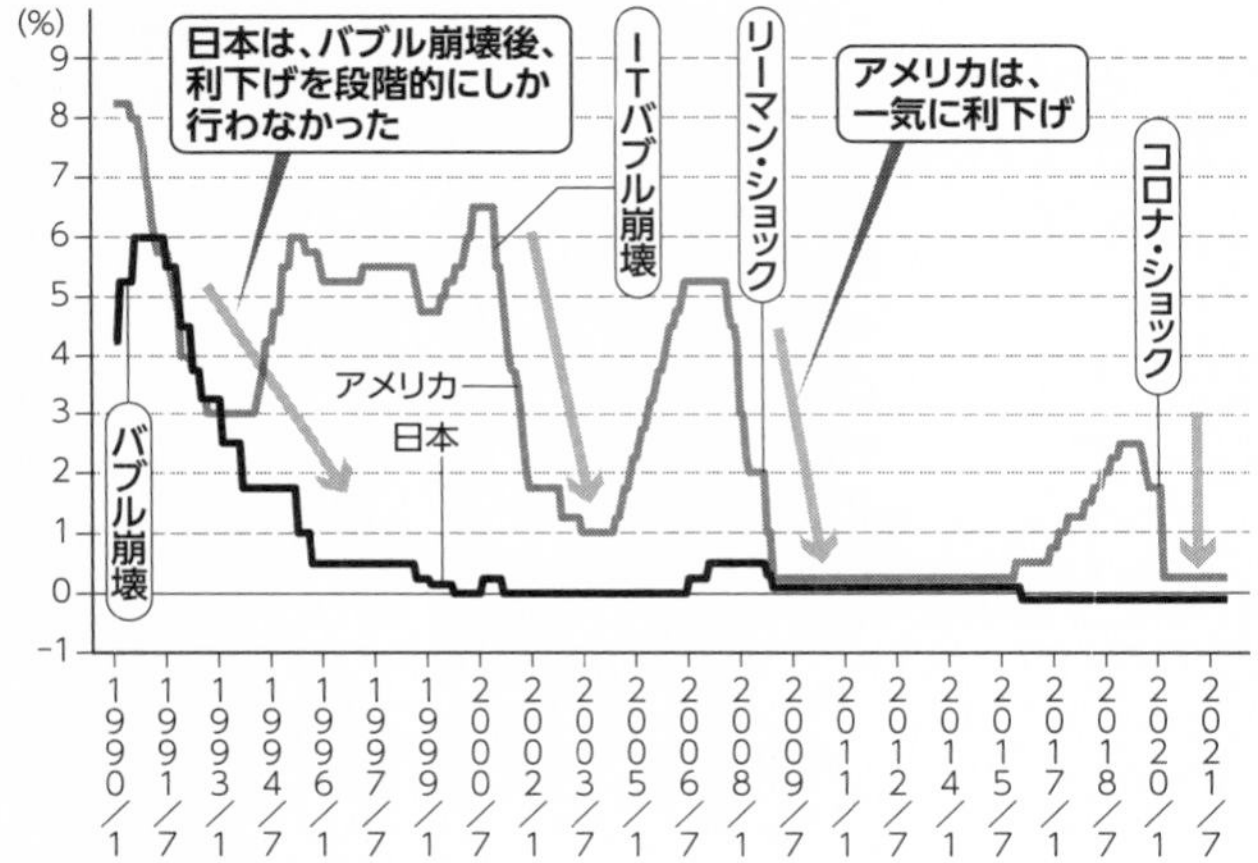

（出所）FRB、日銀

ら、実に9年後のことです。そもそも金融緩和に転じたのが遅かったうえ、利下げペースも遅く、10年くらいかけて段階的に行いましたので、結局デフレに陥ってしまいました。

一方、アメリカを見ると、リーマン・ショック後も、コロナ・ショック後も、3ヵ月程度で一気にゼロ金利まで下げています（図表1－6）。

アベノミクスと黒田バズーカ

要するに、バブル崩壊以降の20年以上、日本はデフレ対策をきちんと行えないまま、不況だけが続いていました。

そうしたなかで日本の金融政策を根本的に変えたのが、安倍晋三元首相と黒田東彦《はるひこ》日銀総裁でした。

2012年12月26日に始まった第二次安倍政権が満を持して日銀総裁に据えた黒田氏は、2013年3月20日に着任後すぐの同年4月4日、金融政策決定会合において「量的・質的金融緩和（異次元緩和）」政策の導入を決定しました。

通称「黒田バズーカ」と言われるこの金融政策には、やりすぎだという批判も一部に根強くありますが、そんなことはありません。私はむしろ、これをバブル崩壊後の1990年代初頭にやっておけば、あるいはせめて2008年のリーマン・ショック後にやっておけば、ここまで重篤な日本病は防げたのではないかと思っています。

日銀の金融政策は日銀が独自に決めるのですが、日銀政策委員会の任命は政府が行っています。そこで安倍内閣では黒田氏を早々に任命し、金融政策と財政政策を両輪で行う経済政策、いわゆる「アベノミクス」が始まりました。

これは「経済回復」を最大目標に位置づけ、

①大胆な金融政策（インフレ目標2％の達成まで量的緩和を行う）

②機動的な財政出動

③民間投資を喚起する成長戦略

という3点を柱としていました。まさに、デフレ脱却のために必要な内容が盛り込まれていたと言えます。

結果としては、拙速な消費税増税も相まって、リーマン・ショック後の欧米のような回復までには至りませんでした（消費税増税で景気回復に水を差した問題については第3章以降で検討します）。ただ、同じ量的緩和を行うにせよ、デフレに陥る前に行うのと、20年以上デフレを放置し、デフレマインドが定着した後に行うのとでは効果も変わってきます。量的緩和の効果は証明されているのですから、拙速に効果がなかったと結論づけず、今後も粘り強く継続すべきだと思います。

今からみれば、バブル崩壊後にさっさと量的緩和政策を実施しておけばよかったわけですが、これは結果論でもあります。

先に述べたように、リーマン・ショック後にアメリカが踏み切るまで、金融政策として大規模な量的緩和を実践した国はなく、机上の理論でしかありませんでした。

また、1980年代くらいまでは「いかにインフレを抑制するか」のほうが中心的な課題でした。1929年の世界恐慌後にデフレの経験はあったものの、デフレの長期化がどれだけ恐ろしいか本当にわかったのは、バブル崩壊後の日本の低迷をもってしてだったからです。

そのようなわけで、バブル崩壊後の日本が大規模な量的緩和に踏み切れなかったのは、理解できなくもありません。逆に「黒田バズーカ」を躊躇《ちゅうちょ》なくできたのは、アメリカやヨーロッパでの成果を見たことが大きかったはずです。

ただ、リーマン・ショックは2008年。黒田総裁が量的緩和を始めたのは2013年。この時間差は、日本の深刻な問題として重く受け止めるべきでしょう。

「今日より明日は良くなる」と感じられるか？

アメリカのシリコンバレーで働いている知人を持つ知り合いから興味深い話を聞きました。

「シリコンバレーでは皆、『今日より明日は良くなる』と思って生活しているんだ」

知人は、それに心底驚いたと言うのです。

長期デフレにある日本では考えにくいかもしれませんが、実はそちらが世界の「標準」です。世界では賃金が上がるのがふつうなのがその証拠です。

今日より明日は良くなる、と感じられるから、楽観的になり、貯蓄より買いたいものを優先できる。だから経済が回るのです。

逆に、「明日は今日よりも生活が苦しくなるかもしれない」という不安があれば、将来のためにお金を取っておこうと過剰に貯蓄をしてしまいます。企業も従業員の給与や設備投資に回すより現預金を増やし、リスクを取るよりも小さく安定しようとする——まさに日本を表すような心理状態ではないでしょうか。

これがデフレマインドです。「景気は気から」と言いますが、日本に根付いたこの心理が、デフレ脱却の大きな妨げになっています。

では、どうすればこのデフレマインドを克服できるのか。それを考えるために、次章からは「日本病」の現状について、より詳しく見ていきましょう。

第2章　「低所得」ニッポン

なぜ日本の給与は上がらないのか

厚生労働省の発表によると、2018年の日本の平均給与は433万円でした。しかし、バブル崩壊直後の1992年は472万円。四半世紀前より40万円近くも平均給与が下がっているのです（ともに1年を通じて勤務した平均給与）。そこで、この第2章では、前章でも触れた「低所得」ニッポンの現実とその原因について、詳しく見ていきましょう。

さて、日本の平均賃金をOECD（経済協力開発機構）加盟諸国と比較したのが図表2-1です。これは、図表1-3（第1章）と同じ購買力平価ベースの実質賃金データを、2020年時点で少ない順に並べたものです。

日本は3・9万ドル（411万円）で、これはOECD加盟諸国の平均以下の数値です。

他の国を見てみると、アメリカ6・9万ドル（741万円）、スイス6・5万ドル（694万円）、オランダ5・9万ドル（630万円）、カナダとオーストラリアが5・5万ドル（591万円）、韓国4・2万ドル（448万円）、スロヴェニア4・1万ドル（443万

図表2-1 OECD加盟諸国の購買力平価ベースの平均賃金（2020年）

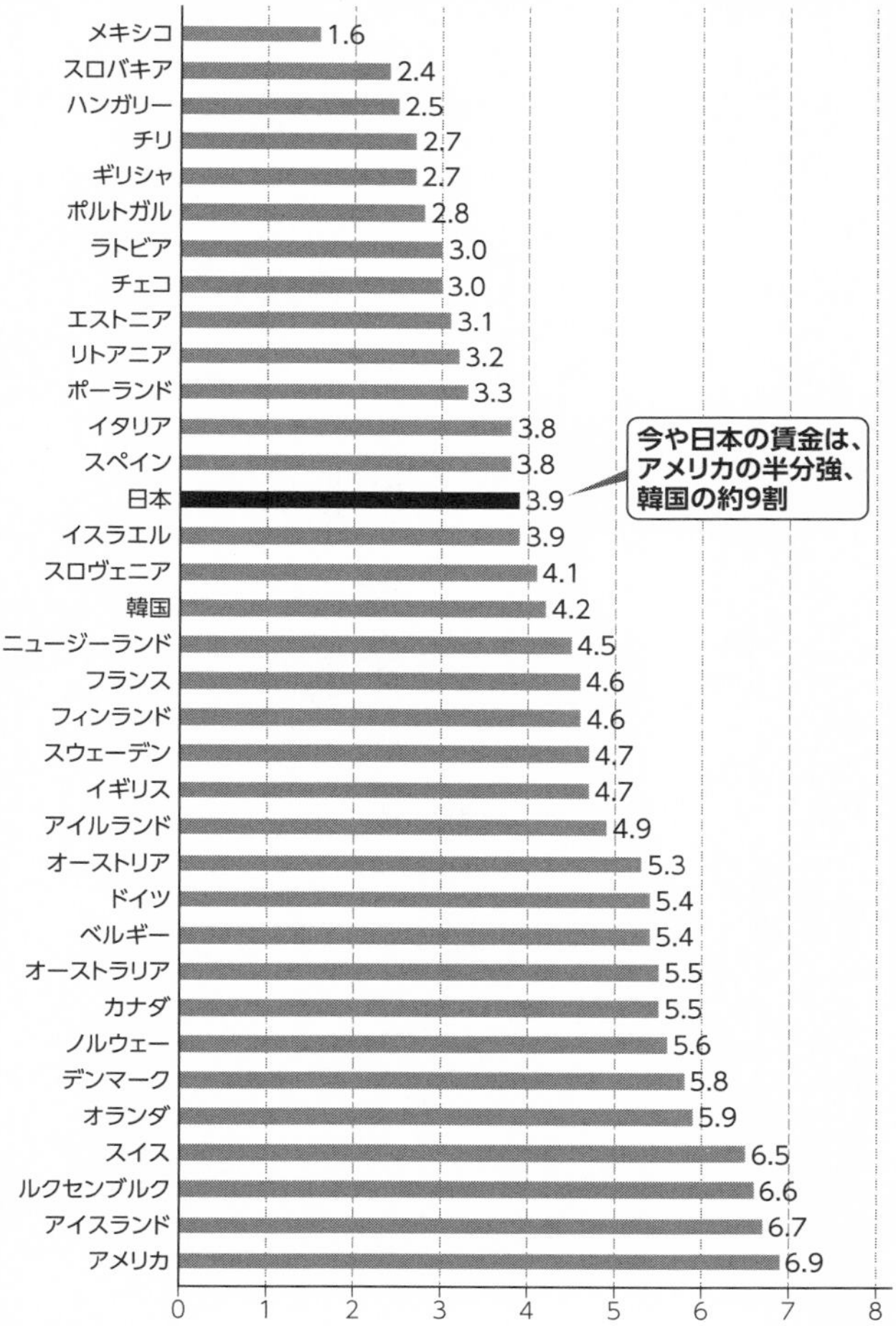

（出所）OECD

円）、イタリアとスペインが3・8万ドル（403万円）、ギリシャ2・7万ドル（291万円）となっています。

日本はアメリカの半分強しかありません。スイス、オランダ、カナダ、オーストラリアの6～7割、韓国やスロヴェニアの約9割です。日本が停滞していた間に、世界は着実に成長していたことが窺えます。

なぜ、日本の給与はこんなに低いままになっているのか。

それはひとえに、日本が長期のデフレスパイラルに陥っているからにほかなりません。

そして日本には、デフレスパイラルに陥りやすい、そしてデフレスパイラルから抜け出しにくい理由があるのです。

賃金が上がらない理由①——労働分配率が低い

バブル崩壊中の1990年代前半、日本では「価格破壊」という言葉が流行《はや》りました。まさに「デフレスパイラルの始まり」の象徴と言えるでしょう。

図表2-2 労働分配率の国際比較

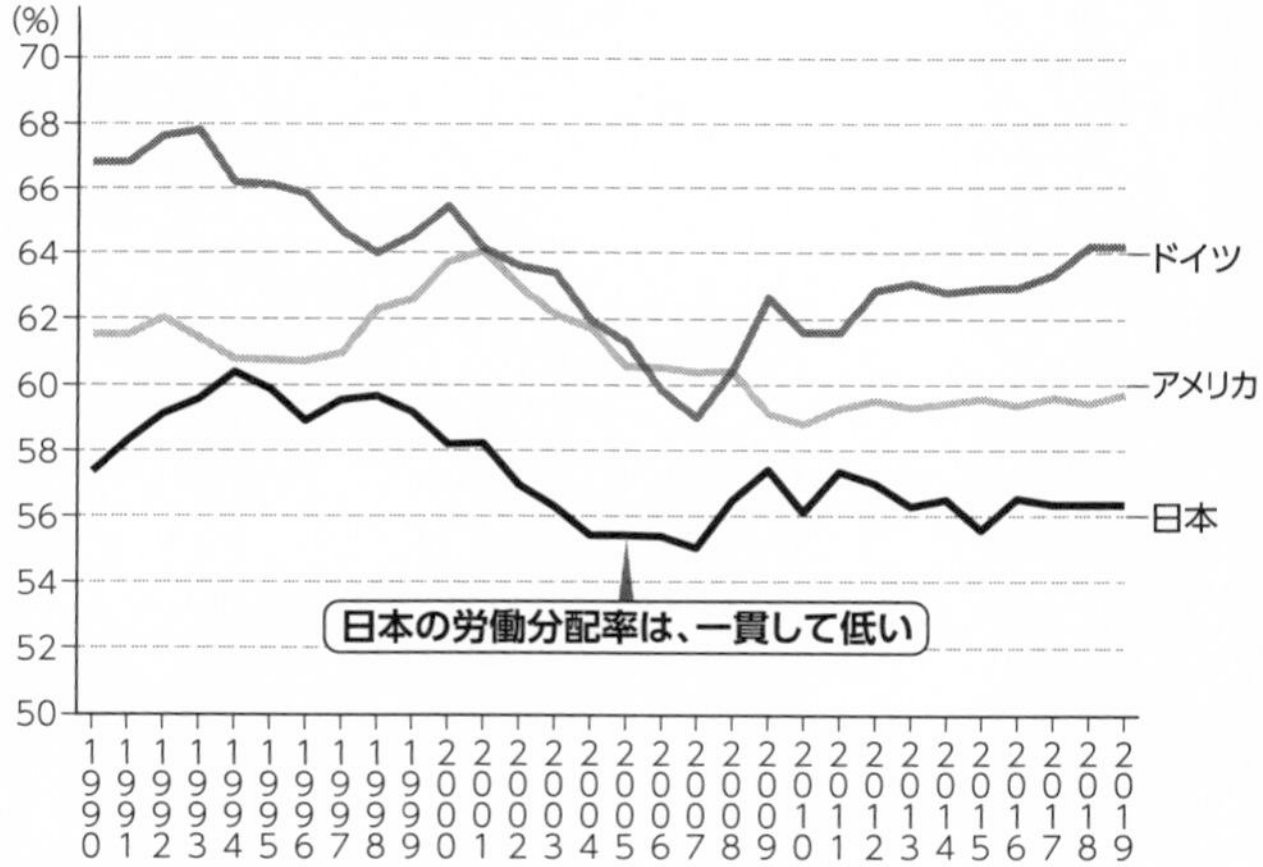

(出所)トムソン・ロイター

バブル崩壊後、不良債権処理に追われたことで、お金の使い道として借金返済が優先され、企業や店舗の売り上げが減りました。企業や店舗は少しでも売り上げを増やそうと、価格を下げる→儲けが減る→働く人の給料が上がらない→さらに人々はお金を使わなくなる→モノやサービスがさらに売れなくなる→値下げをする……、まさに「いいことなし」のスパイラルに陥っていったのです(第1章/図表1-5)。

そして、このデフレスパイラルは、海外よりも、日本で起きやすいことが知られています。理由はいくつかありますが、まず挙げられるのが「労働分配率の低さ」です。

「労働分配率」とは、付加価値額に占める人件費の割合です。計算式は「労働分配率＝人件費÷付加価値額×１００」です。

ここで言う「付加価値」とは、「売上高－（仕入原価＋原材料費、外注費等の外部購入費用）」、「人件費」とは「給料＋会社が負担する法定福利費や福利厚生費」で求められます。要するに「企業が儲けをどれだけ賃金として分配したか」という尺度のことです。

図表2－2を見ていただければ、ドイツやアメリカに比べて、日本の労働分配率が一貫して低いことがわかります。とりわけドイツとは10ポイント近い差がついています。これは企業が儲かっても従業員の賃金としてなかなか反映されにくいということですから、労働分配率の低さとは「賃金の上がりにくさ」を表していると言えます。

賃金が上がらない理由②——労働者の流動性が低い

では、なぜ労働分配率が低いのか？　それには、新卒一括採用・終身雇用という日本の安定しすぎた労働環境が影響していると考えられます。言い換えると、労働者が同じ会社に長く勤めがちで、労働条件に多少の不満があっても、なかなか会社を辞めないことが大きな要因になっているのです。

このように労働市場の新陳代謝が悪いことを、「労働者(労働市場)の流動性が低い」と言います。

企業の視点で単純に考えれば、人件費を下げた分だけ利益は上がります。しかし、賃金を低くしすぎると、人が集まらない、あるいは辞めて別の会社へ行ってしまいますから、妥当な相場に落ち着きます。

しかし日本の場合、賃金が上がらなくても従業員が簡単には辞めないので、企業は賃金を上げるモチベーションが低くなるのです。企業は収益が上がっても、株主配当にも配慮しなければならないし、設備投資や現預金にも回さなければならない。そんななかで従業員の昇給は後回しにされやすい。つまり、労働者の流動性が低いことで、「釣った魚に餌をやらない」状況が可能になってしまうのです。

また、労働者側から見た場合にも、日本では同じ会社で長く働いたほうが恩恵を受けやすい、という事情があります。

図表2-3 日本の賃金プロファイル(2020年)

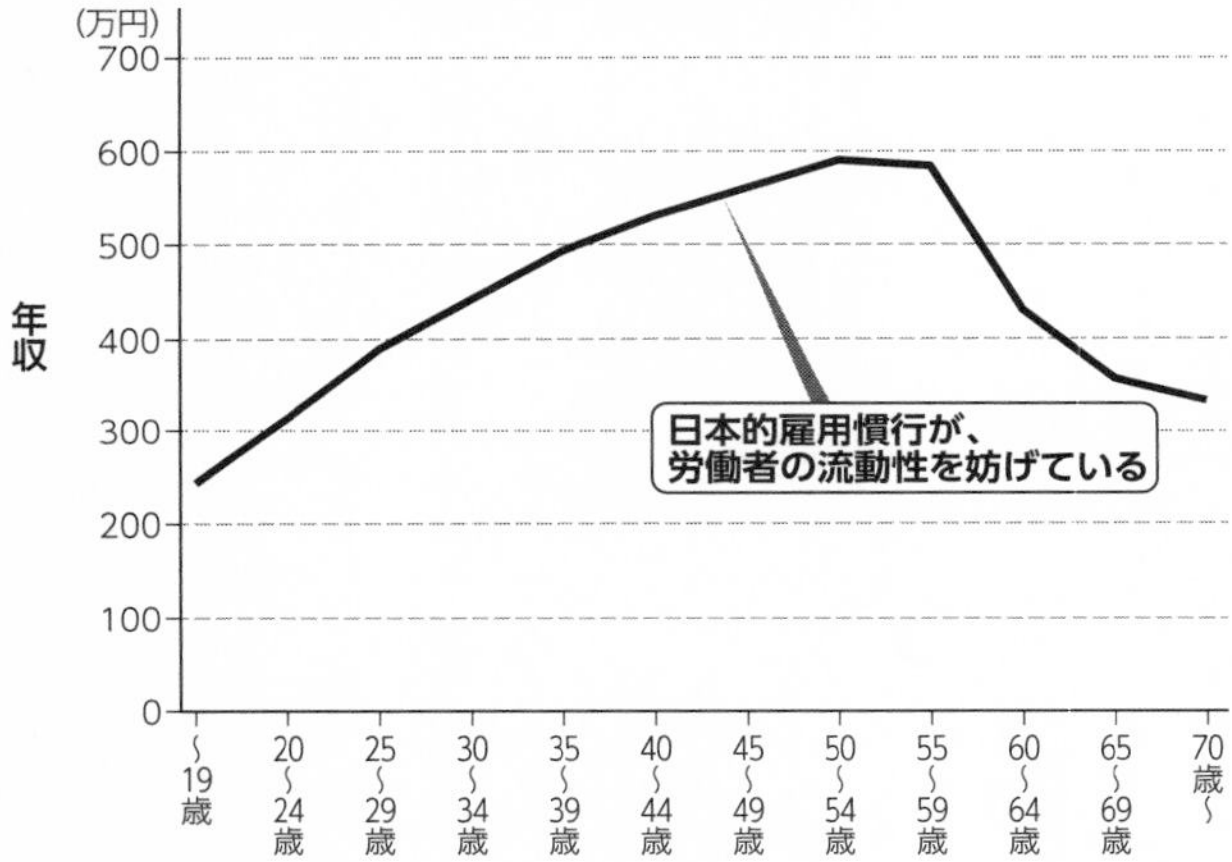

(出所)厚生労働省

賃金プロファイル(図表2-3)を見ると、50歳くらいから60歳頃にピークがあり、逆に若い時分には賃金は低く抑えられていることがわかります。

年功序列で賃金が上がっていくのは慣行であって、実際の企業への貢献度に必ずしも見合っているとは限りません。若いうちはどれだけ活躍して会社に貢献しても、給与は低めに抑えられてしまいます。この制度下では、よほど良い転職をしない限りは、途中で辞めたら損、ということになってしまいます。

しかも日本では、税制においても勤続年数が長いほうが有利で、「勤続20

年」を境に退職金の控除率が変わってきます。このように、日本の雇用をめぐる環境全体が、労働者の流動性の低さを作り出してしまっているのです。

賃金が上がらない理由③——独特の雇用慣行

また、労働分配率を引き下げている別の大きな要因として、正社員と非正規社員との賃金格差が挙げられます。

2020年時点で、日本の非正規雇用労働者は2090万人（総務省「労働力調査」）。被雇用労働者全体のうち37％を占めますが、正社員と非正規社員との賃金格差は、額面においても昇給率においても明らかに存在しています。景気の良し悪しにかかわらず非正規社員の賃金が低水準にあるという構造は、デフレ脱却の観点からも修正すべき点です。

同時に、大企業などでは正社員の解雇がしにくいことも、企業が賃金を簡単に上げにくい理由になっています。なぜなら、一度上げた賃金は下げにくいからです。この点、アメリカは法制度的に解雇が非常にしやすいので、経済が良いときには給与を高く設定して良い人材を集め、本人か会社のいずれかが立ち行かなくなってきたらさっさとクビを切る、ということも容易です。

さらにアメリカとの比較で言えば、さまざまな職種が「総合職」として一括され、賃金格差が少ないことも、日本の独特な雇用慣行のひとつと言えます。

アメリカの場合には、エンジニア、研究、営業、人事など「職種」ごとに労働市場が決まっています。日本では「会社」ごとの新卒一括採用なので、学生にとっては「どの会社に入るか」ということが重要になりますが、アメリカでは「どういう専門性を追求するか」のほうが遥かに大事です。

そして、年功序列ではないですから一つの企業に長くいる必然性はなく、むしろ待遇や専門性を高める方向にキャリアアップすることが自然な流れになってくるわけです。

ちなみに、いま「日本式」と呼ばれることの多い「終身雇用・年功序列」や、ジェネラリスト育成を目指す一括採用は、実は第二次世界大戦後に一般化された、比較的新しい仕組みだと言われています。むしろ大正時代などは今のアメリカに近く、専門性をもった職人たちの流動性は高かったのです。

もちろん、安定して給料が上がり、解雇されにくいほうが、安心して将来設計ができるという利点もあります。しかし右肩上がりの高度経済成長期ならまだしも、成長が望みにくい日本の現状では、単に給料が上がりにくいだけでなく、「チャレンジするより失敗しないように振る舞うほうがマシ」という負の側面が強調されてしまうことは否めません。

固定化された人間関係が、過度に「空気」を読むことを求めたり、いま問題になっている職場のハラスメントが起きやすくなる一因にもなり得ます。業務以前に人間関係でストレスが生じていては、仕事の生産性は下がります。これだけグローバル化した世界において、もはやこうした仕組みは変えるべきでしょう。

企業そのものの新陳代謝も悪い

労働者の流動性の低さは、企業自体の新陳代謝のスピードの遅さにもつながります。株式の時価総額が大きい企業ランキングの顔ぶれを見ると、昭和から続く企業ばかりです。

一方、アメリカでは、2022年1月にApple社の時価総額が3兆ドルを超したことでニュースになったように、新興企業が続々と台頭します。Apple社は２０００年代後半から急激に伸びてきた企業ですが、それが一気に、イギリスの国家予算を超えるような時価総額を叩き出したのです。

こうした環境は、優秀な若者たちにとって「起業」という選択肢を当たり前のものにします。労働市場の流動性も高いので、失敗への恐れも少ないでしょう。

そうすると、時代ごとの産業構造に応じた新しい企業が次々と生まれ、企業も産業自体も新陳代謝が活発になる——当然、こんな国では経済も成長しますから、給与も上がっていくわけです。

日本の大手企業も、時代に応じて変化しているからこそ続いているのですが、どうしてもアメリカのようなやり方に比べたらスピードは遅くなります。新型コロナワクチンも結局、日本では開発が間に合わず輸入に頼るしかなかったことも、それを証明しているのではないでしょうか。

図表2-4 主要国の失業率と賃金上昇率(2010〜2020年平均)

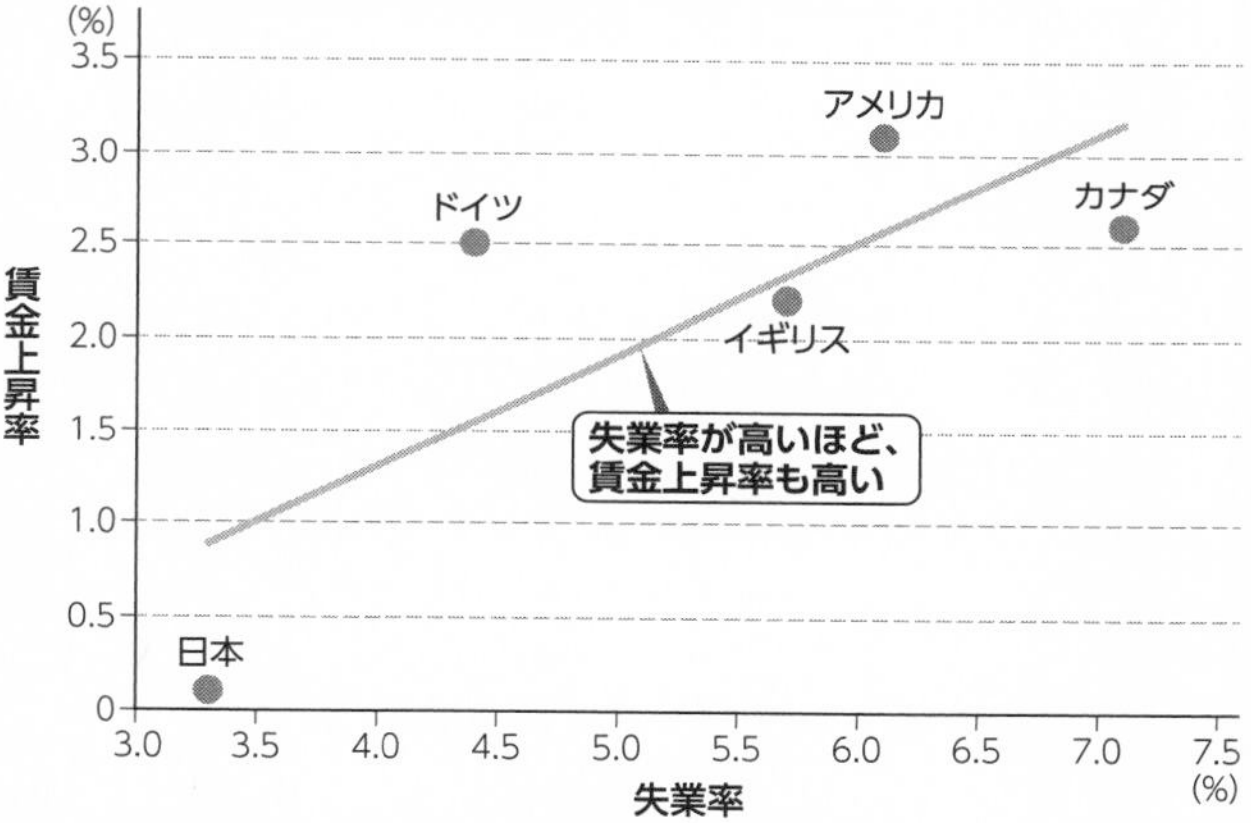

(注)ここでの失業率は、調査した月に10日以上働いていない人の割合
(出所)OECDデータを基に筆者作成

失業率と賃金上昇率は比例する

そして実際、失業率が高い国の賃金上昇率のほうが高いことがわかっています(図表2-4)。

仕事や待遇に満足できなければ、すぐに辞められてしまうという危機感は、企業にとって賃金上昇へのプレッシャーになります。また、活発な転職により適材適所に人材が移ることは、企業に成長をもたらし、ひいては国全体の経済成長にもつながるのです。

日本では「失業」と聞くと、どうしても悪いイメージを抱きがちですが、世界的にはキャリアアップのために自発的に会社を辞めた人々が多く含まれており、ここでの数字は必ずしも「かわいそうな失業者」のみを意味しません。むしろ「転職率」に近いイメージで捉えてください。

ポストの空きが出やすいため再就職もしやすいですし、労働市場の高い流動性はキャリアチェンジのしやすさも意味します。一度社会に出た後に大学に戻って専門性を身につけ直すことも、海外では珍しくありません。

その意味では、失業率が低いかわりに賃金の上がりにくい日本は、「安心して失業できない国」と言えるのかもしれません。

安心して失敗できる「トランポリン型社会」

「安心して失業できる国」とまではいかなくても、日本はもっと「安心して失敗できる国」であっても良いのではないでしょうか。

職業訓練や就業支援といった再就職支援を充実させることは、失業者の労働市場への早期復帰につながります。これは労働市場の流動性を高めるうえで重要なポイントです。

このような、一度キャリアを離脱しても、再び戻れるような社会を「トランポリン型社会」と呼びます。

特に、スウェーデンやフィンランドなど北欧の国々では、再就職への手厚い支援があることで知られています。例えば、スウェーデンの「YH制度」という高等職業訓練所のシステムでは、産業界の今のニーズをカリキュラムに反映させることを重視しています。企業がほしいスキルを学ぶことができるので、卒業後すぐに再就職することができます。あるいは、企業からリストラされた後も、労働組合が再就職支援やアドバイスをしてくれる制度もあるそうです。

実際にフィンランド、デンマーク、スウェーデン、ノルウェーでは、社会人年齢とされる25歳〜64歳の教育参加率が65％前後と、軒並み高くなっています（図表2－5）。北欧ほどではないにせよ、アメリカやカナダ、オランダ、イギリス、ドイツなど、安定して経済成長している国では、社会人年齢での教育参加率が6割近いのに対し、日本は41・9％と相対的に低く、50・1％の韓国にも水をあけられています。

こうしたデータを見ると、何度でも学び直し、再チャレンジしやすい社会であることと、経済成長率はつながっているように見えます。

図表2-5 25歳〜64歳の教育参加率の国際比較(2012年)

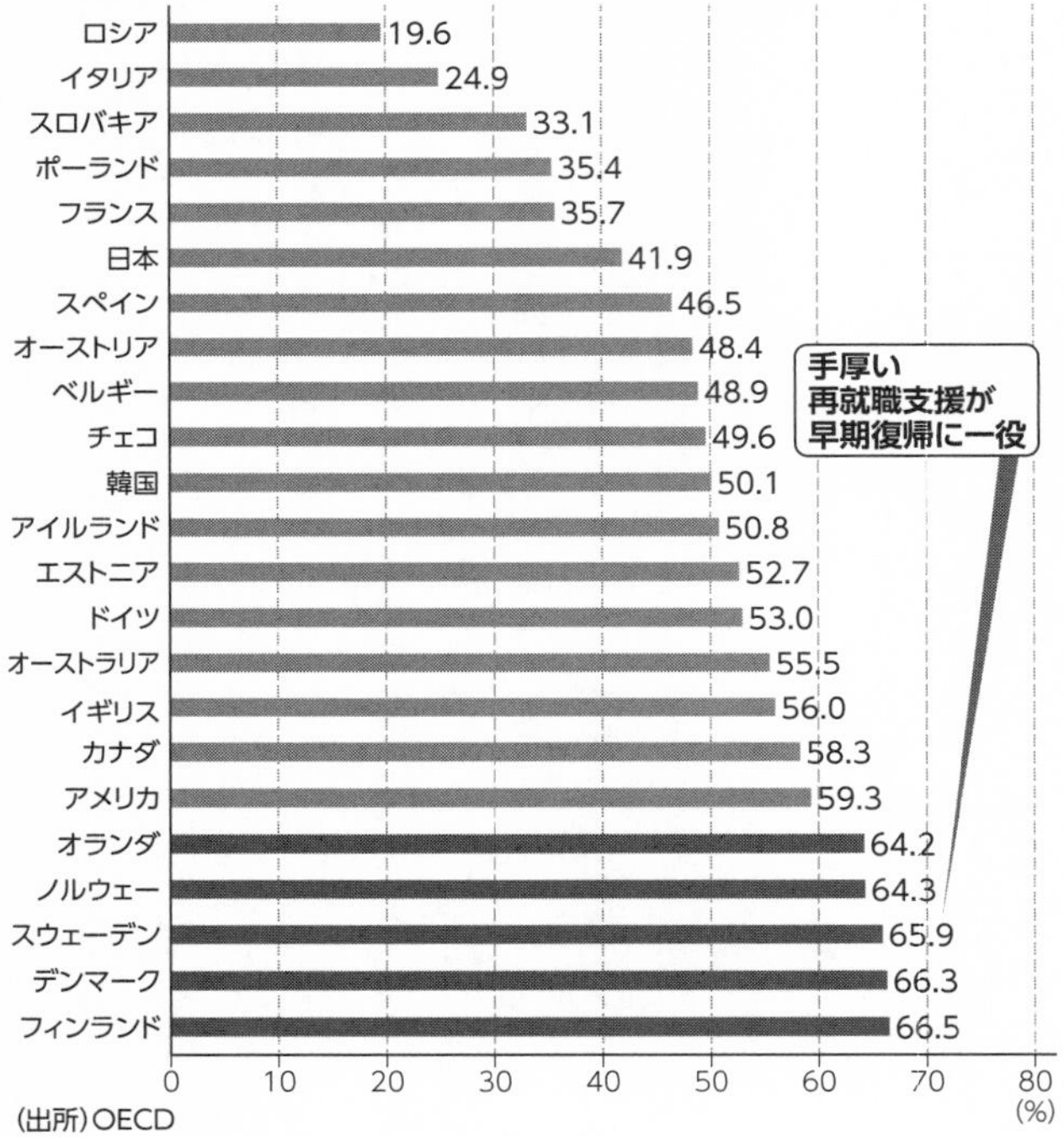

(出所)OECD

ただし、アメリカの場合は社会人年齢での教育参加率は高いのですが、GDP(国内総生産)に対する再就職支援の割合は非常に低くなっています。これは、すべて自己責任という社会を反映しています。金銭的・時間的余裕があれば再教育を受けられるけれど、それはすべての人に叶うわけではありません。アメリカの場合は自由市場がやや行きすぎており、これが圧倒的な経済格差にもつながっています。そのため、政府主導で再就職支援を行う北欧のトランポリン型社会のほうが、日本の経済成長にとっては望ましいと考えられます。

スウェーデンと日本の働きやすさの差

ところで、総務省の「労働力調査」によれば、日本の2090万人の非正規雇用労働者のうち、正規雇用を望んでいる人（正社員になれなかったので非正規で働いている人）は、実は全体の11％しかいません。残り89％の人々は、自分で非正規社員を選択しているのです。

しかしこれを、「好きで選んでいるならいいではないか」と、非正規雇用の労働条件の悪さや賃金格差を是認する論拠にすることはナンセンスです。むしろ考えるべきは、彼ら彼女らが「正社員を望まない」のは、正社員に求められる拘束が多すぎるからではないか、ということです。

もし、週5日、残業込みの長時間出社が正社員の「暗黙の条件」であれば、子どもや老親などケアの必要な家族を抱えている人にはまず無理でしょう。あるいは、専門性を活かして期間契約ないしプロジェクトベースで働きたくても、長期雇用ベースの受け入れ体制では、最初から諦めざるをえません。キャリアを積むうえでは、まったく違う部署への異動の可能性があることも正社員化のリスクでしょう。

再就職をバックアップする背景として、会社側に正社員にもフレキシブルな「雇われ方」を認めさせることや、子育てや介護など福祉面の支援を機能させることも、トランポリン型社会に向けた重要な布石であるように思います。

実際、スウェーデンを見ると、非常に「働きやすい」環境が整っていることがわかります。例えば、男女ともに育児休業制度が非常に充実しています。

育児休業直前の8割の所得を約1年間にわたり保障する制度（両親保険）があり、この金額は、2年半以内に次の子どもを産んだ場合、復職して時短で働いていたとしても同様に保障（スピードプレミアム）されます。このため、女性は8割強が1年以上の育児休業を取得しています。

さらに「サムボ制度」という、サムボ（事実婚や同棲）を法的に保護する制度があり、財産分与や養育権などを規定するほか、サムボ解消後も父親に子の養育費の負担義務を課すことなどが制度化されています。また、税制や年金制度が個人単位であることも、女性の就労インセンティブ（動機づけ）を高めていると言われます。

スウェーデンでは出産期（25歳～44歳）の女性の労働力率が高い一方、出生率も日本より高い水準にあることが知られていますが、それはこうした社会的な背景があってはじめて実現できるものと言えます。

一方、日本ではシングルマザーの貧困化や「ワンオペ育児」などが問題になっています。男性の育休取得率もまだまだ低いままです。非正規雇用を選択せざるをえない状況は多いと思います。

女性に限らず、これまで働きにくかった人々が働きやすい社会になれば、潜在的な労働力人口を増やすことができるので、経済成長にもつながります。

トランポリン型社会を目指すには、単に離職者に再教育を施すだけでなく、こうした法制度の整備や社会の変革と、両輪で進める必要があると思います。

第3章　「低物価」ニッポン

日本の物価上昇率を海外と比較してみる

ここに、衝撃的なデータがあります（図表3－1）。２０００年から２０２０年にかけて、20年間の物価上昇率（インフレ率）をＯＥＣＤ加盟諸国で比較したものです。軒並み上がるなか、なんと日本だけが下がっています（マイナス０・３％）。日本ほどではありませんが、スイスもプラス０・３％と、他の国に比べると際立って上昇率が低くなっています。

これは、通貨価値と物価に相関関係があることによります。

日本とスイスは、為替市場においてはともに「逃避通貨国」と認識されてきました。日本円とスイスフランは、マーケットでリスク回避の動きがあるときに買われやすい通貨だったのです。いわゆる「リスク回避の円買い」と言われるものです。

物価が上がるというのは、裏を返せばお金の価値が下がるということです。つまり、物価が上がりやすいということは、その国の通貨価値が下がりやすいことを意味します。

逆に、通貨価値が下がりにくい国というのは、物価が上がりにくいということになります。ゆえに、インフレ率の低い日本円やスイスフランは、リスク回避の通貨となり

図表3-1 **OECD加盟諸国の物価上昇率**(2000～2020年にかけて)

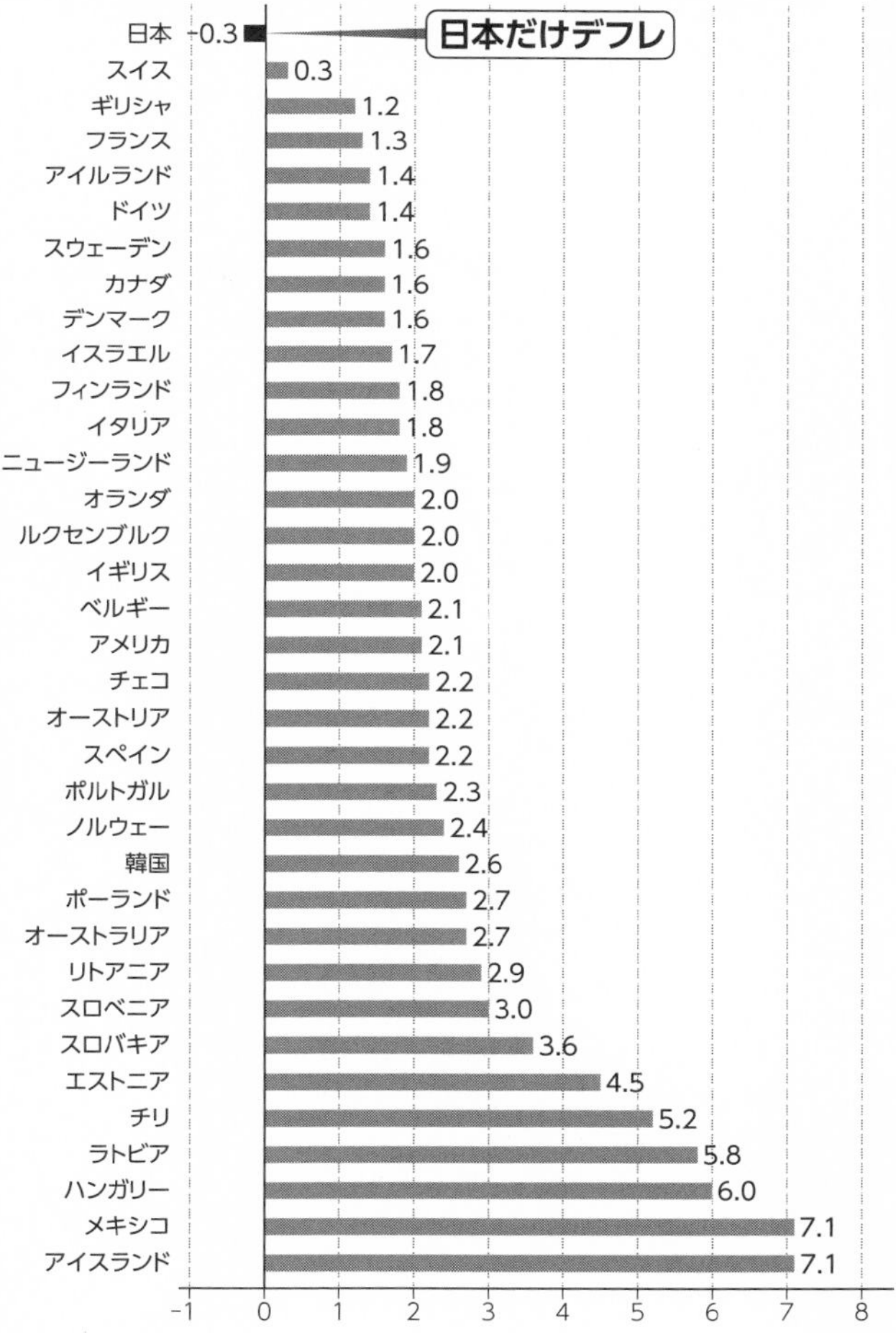

(出所)OECD

ってきました。

なので、インフレ率が低めで安定していること自体は必ずしも悪いことではありません。残念なのは、スイス経済は「高水準」で安定しているのに、日本経済は「低水準」で安定しているところです。日本が物価も給料も安いままなのに対して、スイスは物価も給料も高値安定なのです（ちなみにコロナ・ショックやロシアによるウクライナ侵攻によるモノ不足によって、現在は日本・スイスともにインフレ率は上がっています）。

適切なインフレ率は2％

図表3－1を見ると、各国の物価上昇率にはかなり差がありますが、一般的に先進国のインフレ率は、消費者物価指数の前年比プラス2％程度が経済の安定にとって望ましいとされています。緩やかに物価が上がることで、お金が回るようになり、企業も家庭も国も豊かになります。

ただ日本ではなかなかインフレ目標である2％を達成できないので、目標を1％に下げてもいいのではないかという意見をときどき耳にします。

しかし、各国が2％を目指しているということは、各国が「通貨の価値を年に2％ずつ下げる」ことを目標にしていると言い換えることができます。そのなかで日本だけインフレ率1％を掲げることは、「日本は年に1％ずつしか通貨の価値を下げないよう努めます」と宣言しているのと同じです。そうなれば当然、他国より円の価値が下がりにくくなるという見通しによって円が買われやすくなり、円高に傾くことが予想されます。

日本の現状では、需要不足解消のために適度な円安のほうが望ましいですから、各国に合わせて2％目標を掲げ続けるほうが合理的なのです。

なぜマンション価格は上がるのか？

日本の消費者物価指数は1997年をピークに下がり、2013年のアベノミクス開始頃から少しずつ上がっています（図表3－2）。消費者物価指数を厳密に説明すれば、消費者が購入するモノやサービスなど消費財の物価の動きを把握するための統計指標で、「CPI（Consumer Price Index）」とも呼ばれています。

図表3-2 新築マンション価格と消費者物価指数の推移

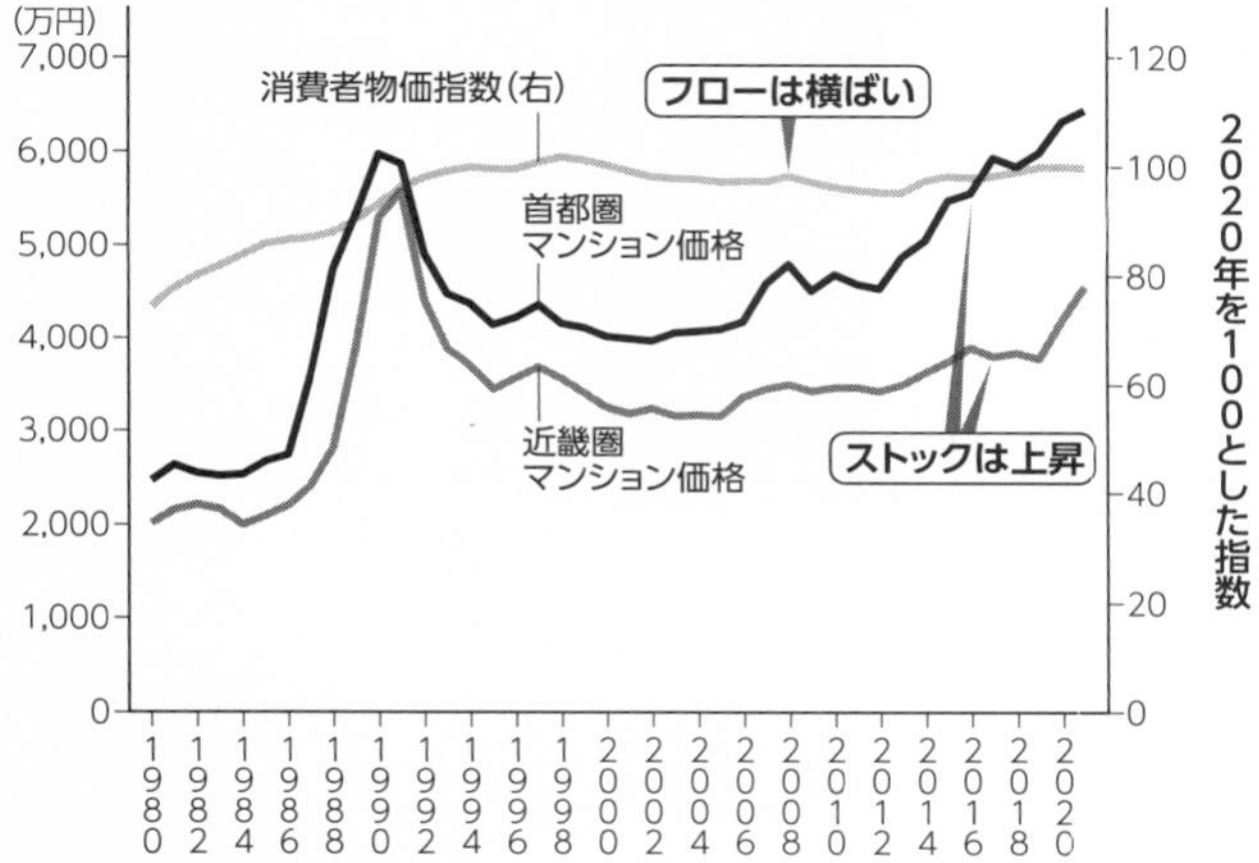

(出所)不動産経済研究所、総務省

一方、新築マンション価格は変動が激しく、1980年代~1990年頃まではバブル景気でドンと上がり、バブル崩壊後に一気に下がって低迷し、2000年代後半から、また上がり始めています(首都圏ではアベノミクス以降再び大きく上がっています)。なぜ消費者物価指数と新築マンション価格にこれだけ差が出るのかと言うと、資産と消費財・サービスの違い、つまり「ストック」と「フロー」の違いです。

「フロー」は蛇口から流れる水、「ストック」はその水が流れてバケツに溜まったもの、とイメージしていただければわかりやすいでしょうか。日々取り引きされる食品や消費財など、フローにはそのときどきの価格が反映されます。

一方、不動産や株、あるいは金などの資産＝ストックには、将来期待される儲けが反映されます。つまり、目下の需給だけでなく、将来の経済状況への期待値も含めて価格が決まるので、値動きが激しくなりやすいわけです。

バブル期に将来もっと価格が上がるだろうという期待によって不動産価格が高騰したのもこのためですし、逆に現在の価格より下がるだろうと予測する人が多ければ不動産の値段は下がっていきます。

つまりこのグラフからは、首都圏の新築マンション価格は将来もっと上がるだろう、と思っている人が多いということが窺えます。

とはいえ、「物価は横ばいなのに、なぜ？」と思う人も多いと思います。実際、海外では物価（フロー）と資産価値（ストック）は程度の違いはあれ、ともに上昇トレンドです。

これがかなり乖離《かいり》してきたのは、過剰貯蓄という日本の特殊な状況が一因として考えられます。日本では将来への不安から節約志向が強く貯蓄が過剰に増えている一方、株などの金融資産で運用を行う人はまだまだ海外にくらべて少ないため、その使い道のひとつとして不動産投資の需要が高まり、資産価値を上げている側面があると思われます。もちろん、外国人が投資目的で日本の不動産を買っている影響もありますが、決してそれだけではないのです。

物価が上がったもの、下がったもの

日本の過剰貯蓄については後で詳しく見るとして、もう少しこのグラフ（図表3－2）を読んでみましょう。2013年頃から緩やかに消費者物価指数が上がっており、これをもってデフレ脱却を主張する声もあります。果たしてこの楽観的な予測は正しいのでしょうか？

それを判断するために、物価が上がったもの、下がったものの内訳を詳しく見てみます（図表3－3）。

この20年で目立って物価が上がっているのが「光熱・水道」と「食料」です。エネルギー（光熱・水道）と食料は生活必需品の最たるものであり、化石燃料はもとより、食料自給率が4割を切る日本では、ともに輸入品の割合が高くなっています。つまりこれは、輸入品の物価が上がっているということです。端的に言えば「海外に日本の所

図表3-3 日本の費目別、物価上昇率（2000〜2020年にかけて）

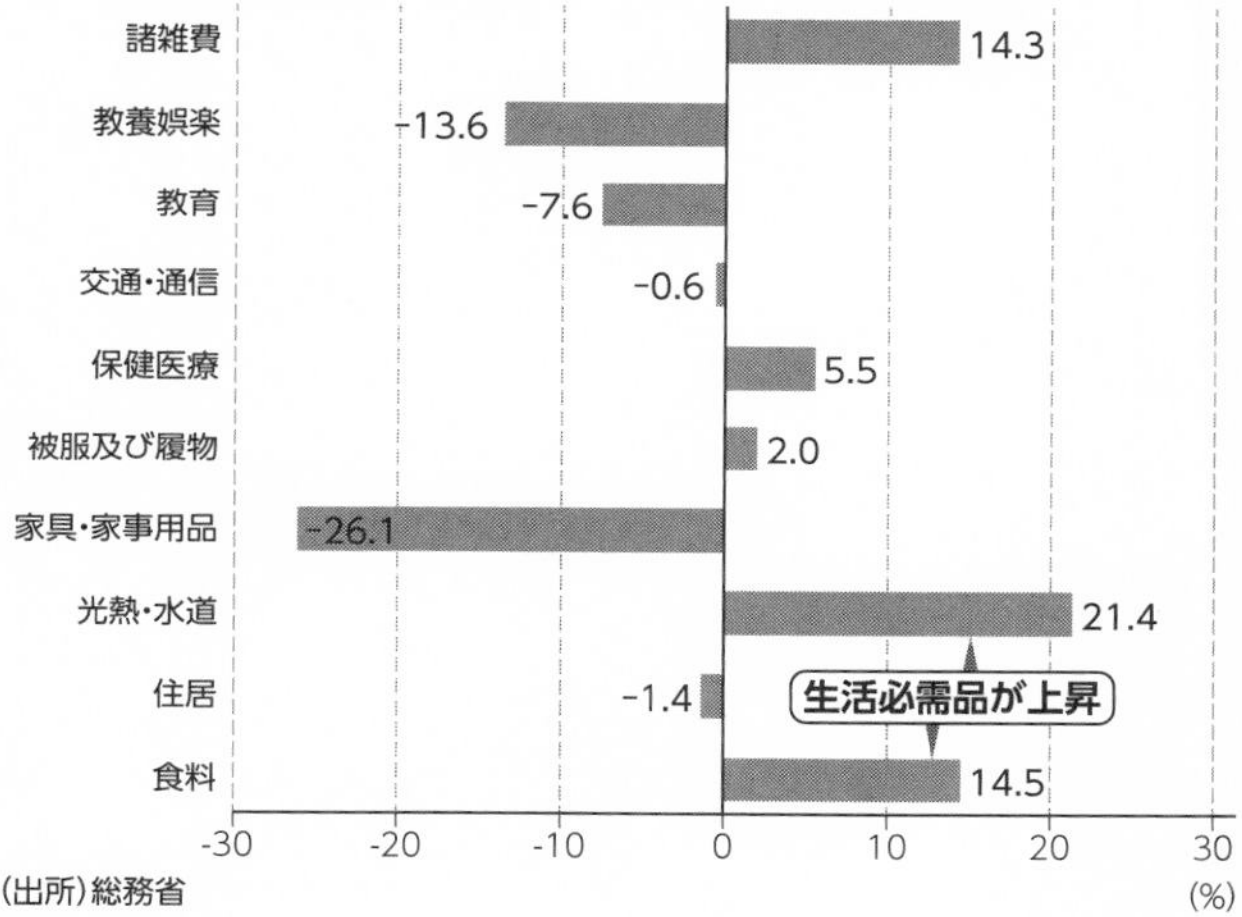

（出所）総務省

得が流出している」ことを意味し、これは「悪い物価上昇」にあたります。

一方、下がっているのは「家具・家事用品」「教養娯楽」「教育」です。「家具・家事用品」では、逆に安い海外製品が入ってくることで国内産業を圧迫し、所得の海外流出が起こっていることを意味します。テレビやパソコンなどの「教養娯楽」も同様です。

「教育」はどうでしょうか。これは価格のメインが人件費になりますから、教育分野が下がっているということは、人件費が下がっていることを意味します。オンライン英会話で直接ネイティブとつながれるようになったり、塾の人気講師の授業をどこででも受けられるようになったり、デジタル化の影響も大きいのかもしれません。

いずれにせよ、物価上昇の内訳を見ると、日本国内が恩恵を受けにくいところが上がり、日本国内の人の所得につながるところでは下がっていることが明らかです。

しかし、このグローバル時代、原油高騰や安い海外製品の輸入はどこの国でも同様のはずです。なぜ日本だけ「悪い物価上昇」が進むのでしょうか。そして「良い物価上昇」を果たせている海外とは何が違うのでしょうか？

それは、海外では「サービス」の値段が上がっていることによります。サービスとは「モノのやり取りをしない経済取り引き」です。財（モノ）の取り引きでは値段の大部分は製造コストが占めることになりますが、サービスの取り引きでは基本的に、サービスを行った人の人件費が価格になるので、賃金に直結するのです。物価上昇率をモノとサービスに分けて欧米圏と比較してみると、日本ではいかにサービス価格の上昇率が低いかがわかります（図表3－4）。

図表3-4　財（モノ）とサービスの物価上昇率

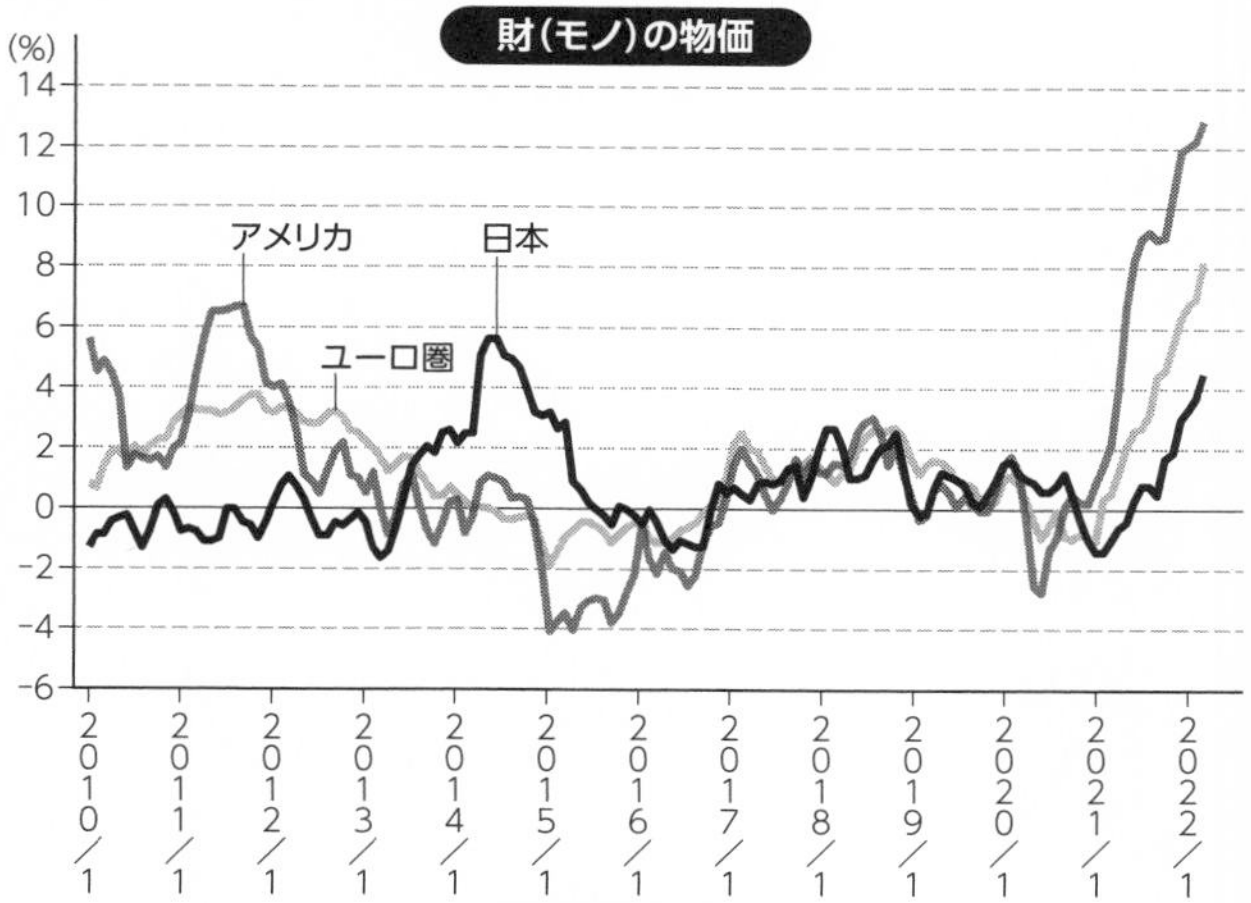

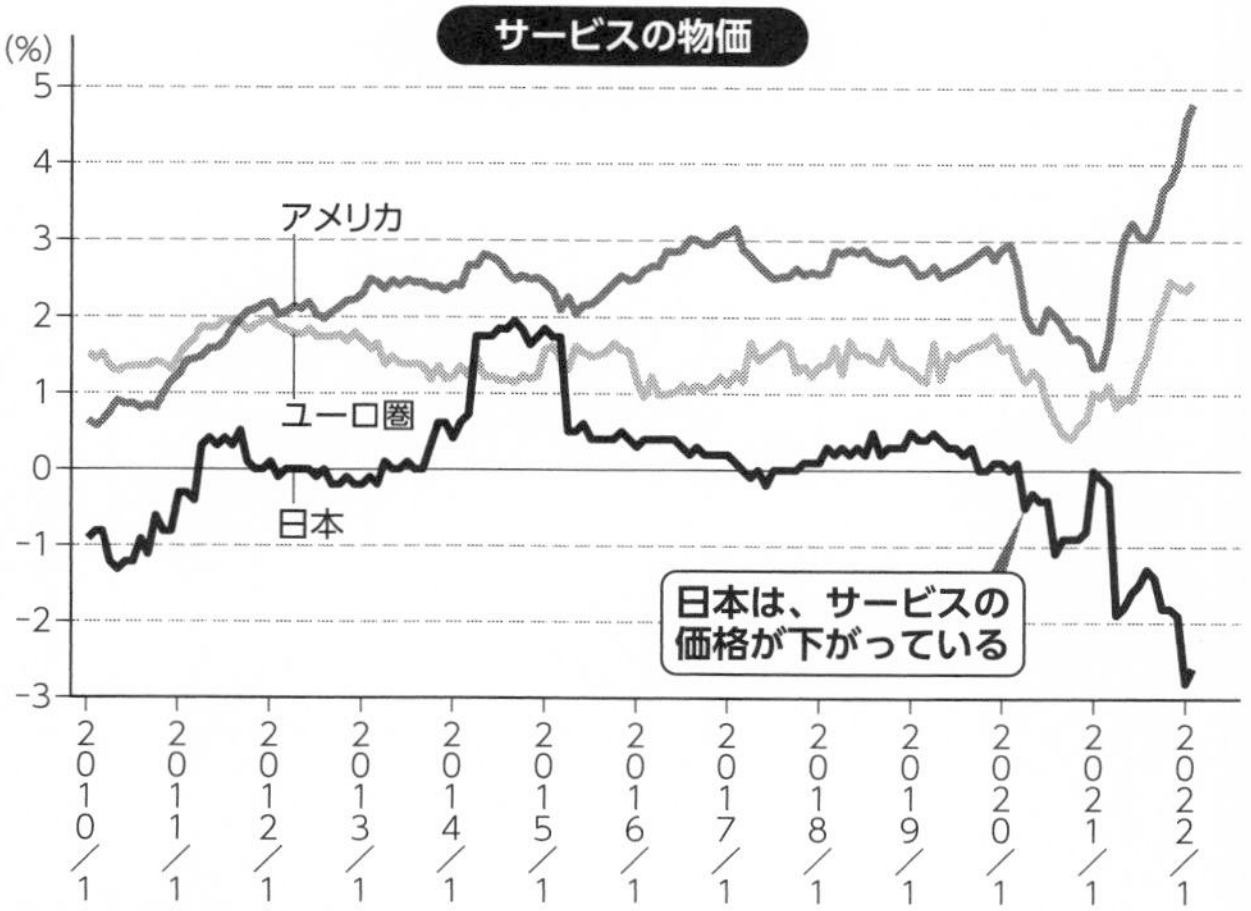

（出所）総務省、米BEA、ECB

異次元の金融緩和をしたのに、なぜ物価は十分上がらなかったのか？

この低物価・低賃金のデフレを打破すべく、２０１３年4月、日銀も他の先進国に遅ればせながら、インフレ２％（消費者物価の前年比上昇率２％）を目標に「量的・質的金融緩和」に踏み切りました。いわゆる「異次元の金融緩和」や「黒田バズーカ」として知られるものです。２００8年のリーマン・ショックから約4年半、ようやく日本も各国と同じ方向へ舵を切れたわけです。

前述したとおり、それまでの伝統的な金融政策とは、「政策金利を下げる」ことでした。しかしリーマン・ショックの後、金利をゼロにしてもなお緩和が足りないという状況まで景気が悪くなっていました。そこで当時、米ＦＲＢ議長だったバーナンキ氏らによって打ち出された量的緩和は、「お金の供給量を増やす」ことを目標にしたので「非伝統的金融政策」とも呼ばれました。

これが日本経済にどれほどの効果をもたらしたのか、詳しく見てみましょう。

図表３－５を見ると、２０１３年から「マネタリーベース」が急に増えているのがわかります。マネタリーベースとは、中央銀行が直接供給するお金の量を指します。消

図表3-5　マネタリーベースと消費者物価指数の推移

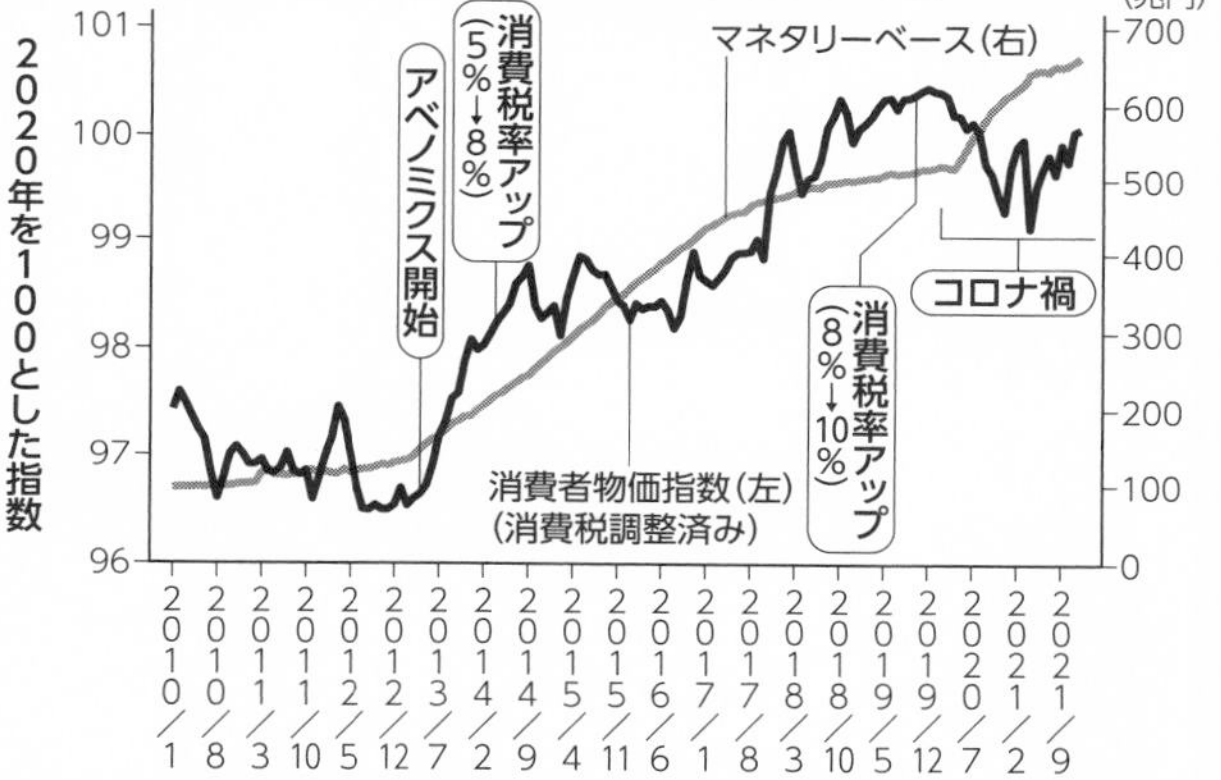

(注)マネタリーベースとは、日本銀行が直接的に供給するお金のことで、市中に出回っているお金である流通現金と日本銀行当座預金の合計値

(出所)総務省、日銀

費者物価指数も、このあたりを境に上昇トレンドになっています。さらに先の図表3-4でも、2013年~2014年にかけては、モノもサービスも、ともに物価上昇していることがわかります。

消費者物価指数だけではありません。2009年に誕生した民主党政権当時、1ドル70円台になったり日経平均株価が8000円台に低迷したり、異常な円高・株安が続いていましたが、2012年11月に衆議院が解散した途端、安倍元首相がかねがね提唱していたグローバルスタンダードな金融政策への期待によって、為替は円安トレンドになり、株価も回復してきました。

つまり、この金融緩和の効果はきちんと出ていたのです。

しかしながら、インフレ2％という目標には不十分でした。なぜでしょうか。

金融緩和は十分にやりましたが、財政出動が足りなかったからです。落ち込んだ経済を駆動させる方法は二通りありました。

①金融緩和で、世のなかのお金の量を増やすこと

②財政出動で、政府が大きくお金を使うことにより景気を引っ張り上げること

このうち、②が不十分だったのです。

アベノミクスでは最初の年はそれなりの規模で財政出動を行ったのですが、2年目の2014年4月、まだ経済が十分良くならないうちに消費税率を8％に上げてしまいました。消費税率引き上げというのは、財政出動とは逆の財政引き締め策です。この影響がとても大きかったのです。

図表3－6でも、2014年1～3月期まで上昇トレンドにあった実質家計消費が、2014年4～6月期からそのトレンドが下方屈折してしまっていますが、まさにここが消費税率引き上げのタイミングです。

図表3-6 実質家計消費と消費税率アップ

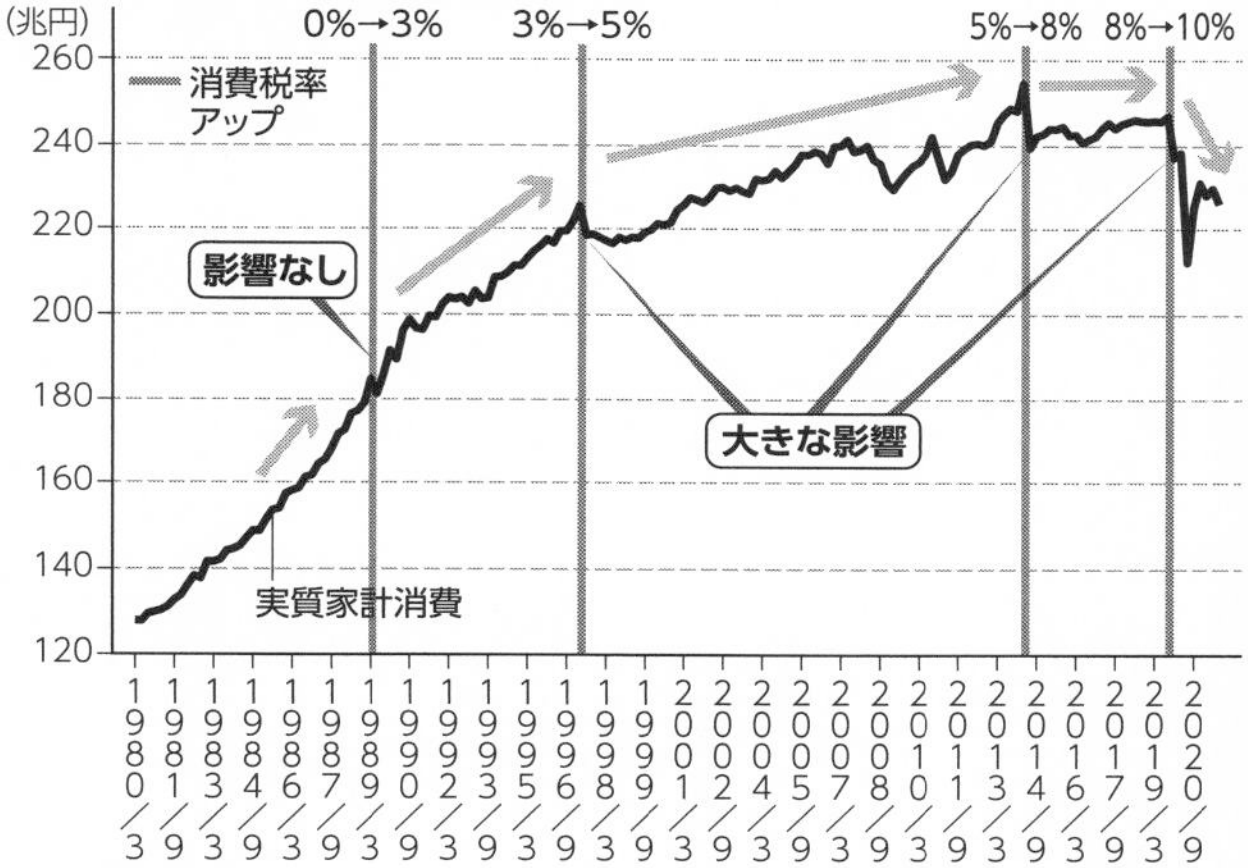

(出所)内閣府

さらに、2019年10月にも消費税増税(8%→10%)がありました。ややわかりにくいですが、やはりここを境に上昇トレンドが止まってしまっています(その後の大きな下げはコロナ禍の影響です)。

「良いインフレ」「悪いインフレ」

先ほども見たとおり、ひとえに「物価上昇(インフレ)」と言っても、「良いインフレ」と「悪いインフレ」があります。

景気が良くなることで企業が物価を上げることができ、企業は収益を上げ、そこで働く人の賃金も上がり購買力が増す……この好循環をもたらすのが「良いインフレ」です。これは、「需要が供給を上回ることによる物価上昇（demand-pull inflation）」と言い換えることができます。

逆に、「悪いインフレ」とは、原料価格の値上がりなど、「生産コストの高騰による物価上昇（cost-push inflation）」を指します。

現在のように、脱炭素化やロシアによるウクライナ侵攻の影響などにより、日本国内で代替のしようがない原油や穀物の値段が上がってしまうと、企業は製造コストが上がるので価格を上げざるを得ません。しかし、単に損を減らすために上げているだけなので、企業が儲かることはなく、働く人の賃金も増えません。生活必需品ですので消費者は高い値段でも買わざるを得ませんが、それはただ所得が海外へ流出しているだけで、国内には恩恵がありません。こういう物価上昇が「悪いインフレ」なのです。

しかしながら、消費者物価指数を見ただけでは、どちらのインフレにあたるのか見分けがつきません。そこで、それを見分けるためには「ＧＤＰデフレーター」という指標を使います。

ＧＤＰデフレーター

まずＧＤＰ（国内総生産）とは、「一定期間内に国内で生み出されたすべての付加価値の総和」を表す値です（付加価値とは、総生産額から生産に必要な原材料・燃料費などの中間投入額を差し引いたもの）。

これを需要面から式で表すと、「ＧＤＰ＝国内需要＋輸出−輸入」です。国内で生み出された付加価値を見るものですから、需要の総額から、輸入＝海外で生産された分を引くわけです。より正確には、この単純な計算で算出されるＧＤＰを「名目ＧＤＰ」と呼びます。

これに対し、物価変動の影響を差し引いて算出したＧＤＰが「実質ＧＤＰ」です。これにより、物価の変動を除いた、ＧＤＰの実質的な比較ができるようになります。

ＧＤＰデフレーターとは、名目ＧＤＰを実質ＧＤＰで割ったもので、国内で生み出されたモノやサービスの物価変動を表す指数として使います。

計算式は、「ＧＤＰデフレーター＝名目ＧＤＰ÷実質ＧＤＰ」です。

つまり、ＧＤＰデフレーターが上昇していればインフレ、低下していればデフレと言えるわけですが、良いインフレのときには消費者物価とＧＤＰデフレーターがともに上がり、悪いインフレのときには消費者物価は上がるものの、ＧＤＰデフレーターは輸入物価の上昇が押し下げに効くので下がることになります。つまり、良い物価上昇か悪い物価上昇かを見抜けるわけです。

そして実際に２０２１年以降を見てみると、消費者物価指数はプラスなのにＧＤＰデフレーターはマイナス幅が拡大していて、まさに悪いインフレの状態であることがわかります（図表３－７）。

では良いインフレがいつだったかと言えば、２０１０年以降のこのグラフには、残念ながらほとんどありません。強いて言えば、２０１４年は良い調子で上がっているように見えますが、消費税増税の影響でしかないので、すぐに失速しています。日本において、本当の意味での良い物価上昇は、バブル崩壊以降見られません。

また、消費者物価指数がＧＤＰデフレーターより下に来ているときは、輸入品の値段が下がっていることを意味し、コスト負担が減っているときなので、国内経済は比較的安定します。このグラフでは２０１５年～２０１６年あたりはシェール革命で、２０１９年末～２０２０年半ばくらいはコロナ・ショックなどで、それぞれ原油価格

図表3-7 GDPデフレーターと消費者物価指数の推移

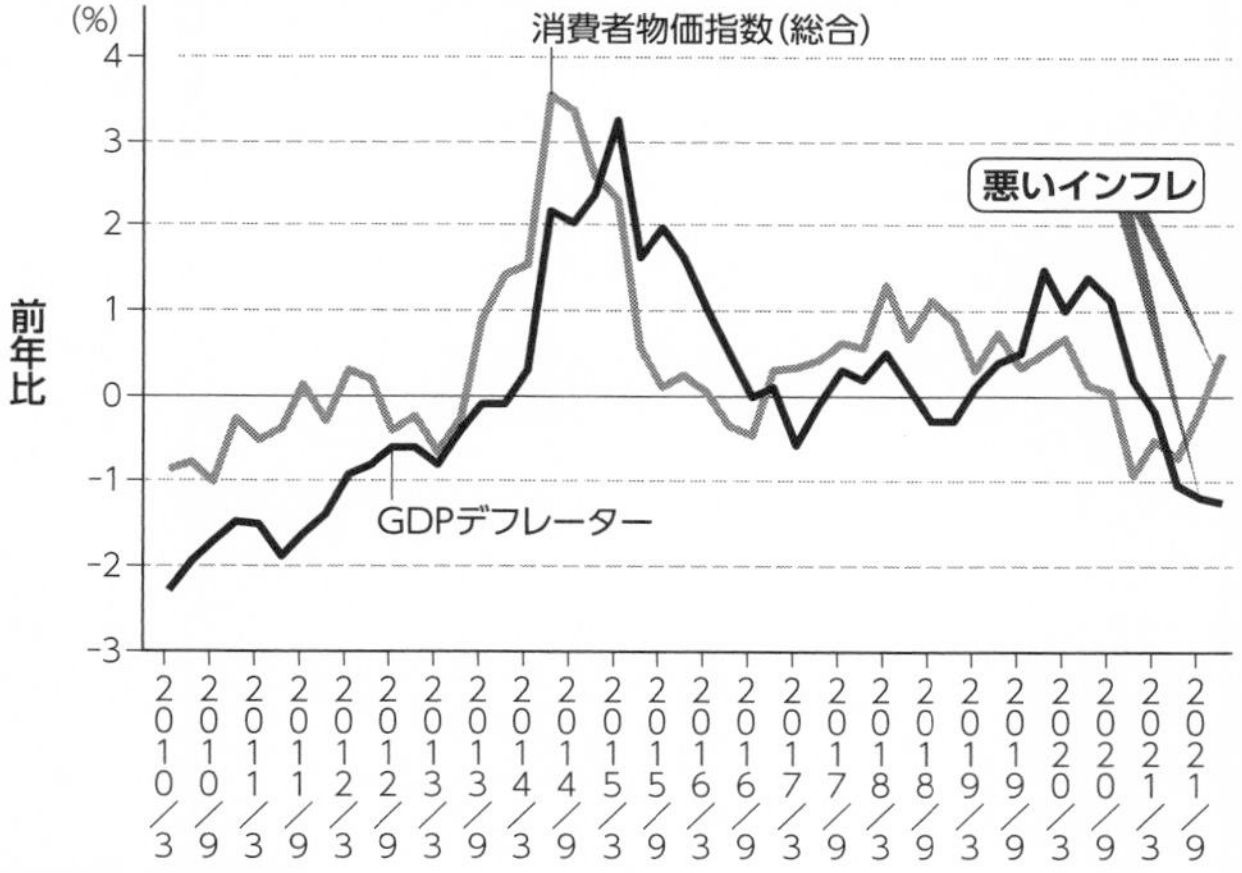

(出所)内閣府、総務省

が下がった時期でした。これらのときは、景気は良くなくても、燃料費の減少が生活の支えになっていたはずです。

ただし「良いデフレ」はない

このようにインフレには「良い」「悪い」がありますが、「良いデフレ」というものは存在しない、ということは強く申し上げておきます。

実は、1990年代には日銀ですら「良いデフレ論」を主張していました。ITなどによる効率化によってなされた物価下落は良いことだ、という論拠だったと思います。しかし、理由はどうあれ、物価が下落しても借金の金額は変わりませんから、物価の下落は実質的な借金の負担増になります。また、物価と賃金は連動しますから、デフレが続くと賃金も上がりません。効率化自体はもちろん悪いことではないですが、需要が足りないなかで効率化を進めると、よりデフレが深刻化してしまいます。こうしたことから、今では「良いデフレ」は存在しない、というのが通説になりました。

ではここで、アメリカではデフレにならずにＩＴ化（効率化）を進められたのはなぜだろうか、という疑問が浮かびます。

それは、アメリカ経済が日本のような極端な需要不足の状況になかったからです。経済が過熱しているときというのは人手不足のときなので、効率化で供給量が増えることで良い影響が出ます。

一方、経済が冷え込んでいるときは人が余っているときですから、過度の効率化を行うと余計に人が余ってしまい、景気がさらに悪化してしまうので、むしろ控えたほうがよいのです。

そもそもアメリカの景気が良いのは、景気が落ち込んだときに、すかさず積極的に金融政策と財政政策を行い、デフレを回避したからに尽きます。コロナ・ショック以降は少しやりすぎて過熱しており、政策の出口に向かおうとしています。それでも、デフレの長期化によって「日本病」になるよりマシだという判断でしょう。このように、経済を早期に健全な状態にすることで、効率化もうまくいき、順調に成長を続けられるのです。

アメリカの好景気は、もちろん新しくて強い企業がたくさん生まれていることにも由来します。しかし、いくら素晴らしい企業がたくさんあっても、デフレを長期化させてしまったらどうなるか、それはここ30年の「日本病」が証明しています。

つまり「景気」というものに対しては、強い産業が存在するだけではダメで、金融政策や財政政策といった経済政策が非常に大きな意味をもっていると言えます。

なぜ物価が上がらないといけないのか

そもそも、なぜ物価は上がらないといけないのか。もう皆さん、おわかりだと思いますが、ひと言で言えば、物価が上がらないと賃金も上がらないからです。

名目賃金と消費者物価（消費税調整済み）のグラフ（図表3-8）を見ると、この2者が連動していることがよくわかります。物価が上がって賃金が上がるのか、賃金が上がって物価が上がるのか、鶏と卵の関係ではありますが、企業が儲からない限り賃金は上がらないので当然です（ただし、日本の場合には物価が上がっても賃金が上がりにくいという問題がありましたが、それは労働分配率というまた別の原因です）。

また賃金面から見ても、賃金が上がらないのにモノやサービスの値段が上がれば、値上がりしたモノやサービス以外に使うお金が減ってしまいます。すると、例えばガソリンが値上がりしてガソリンの売り上げは増えたとしても、それ以外のモノやサービスの売り上げは減り、逆に値段が下がってしまいます。モノによって個別の上下はあるにせよ、このように物価指数全体で見ると、賃金（家計の購買力）と消費者物価には明確な連動性があるのです。

そして、バブル崩壊（1991年～1993年）後の名目賃金の推移を見ると、1997年にターニングポイントがあるように見えます。

1997年とは、さまざまな経済的負担と不安が重なった年でした。4月に消費税増税（3％→5％）。7月にはアジア通貨危機。11月には三洋証券が会社更生法の適用を申請。さらに北海道拓殖銀行が経営破綻した直後、負債総額3兆円で山一證券も経営

図表3-8　名目賃金と消費者物価の推移

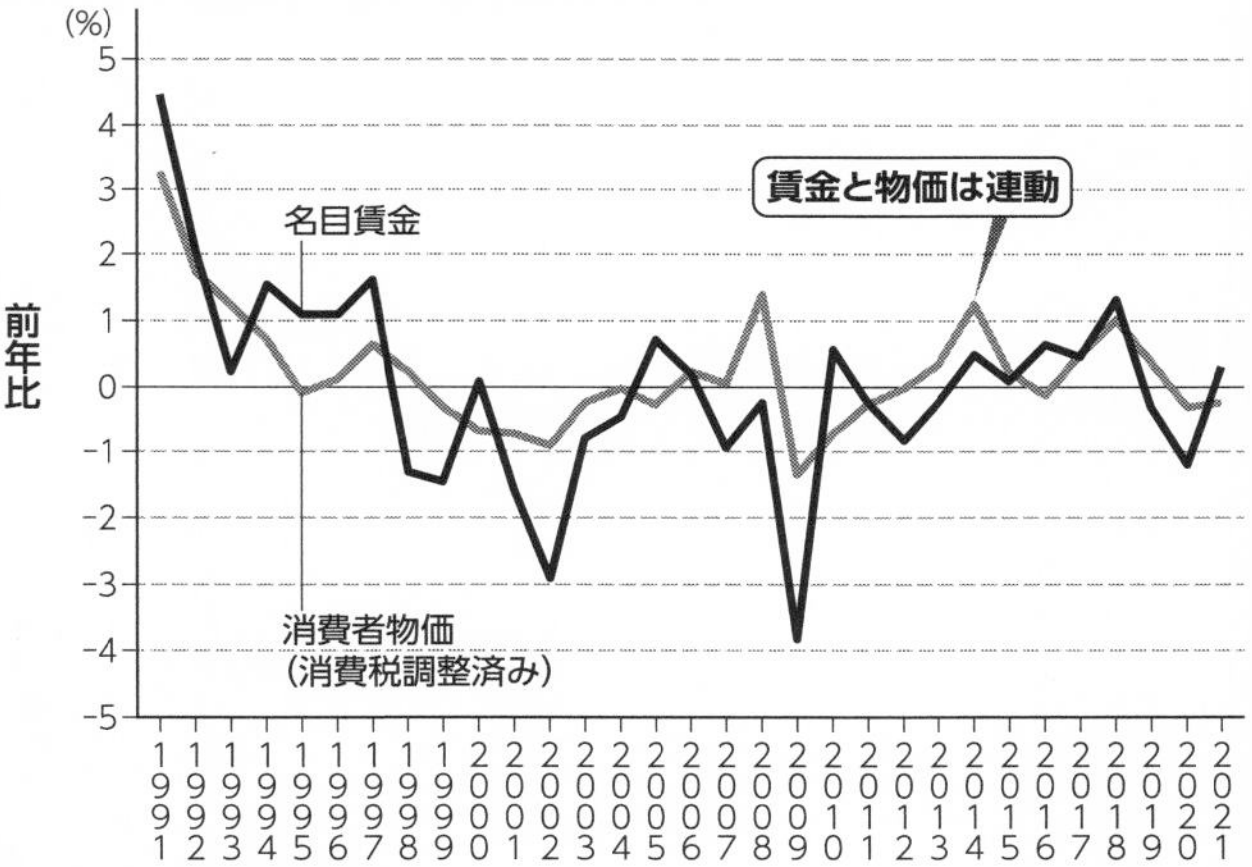

(出所)厚生労働省、総務省

破綻というニュースが流れました。バブル崩壊後、大手金融機関が破綻したのは初めてでした。翌年には、日本長期信用銀行と日本債券信用銀行が相次いで経営破綻と連鎖は続きました。

その背景にあったのが、バブル崩壊以降の不良債権です。金融庁によれば、1996年時点で全国の銀行の不良債権は28兆5000億円。しかし実際にはもっと多かったという見方もあります。

これを目の当たりにした多くの民間企業は、経営安定化のために、最後の砦であった人件費にも手を付け始めるようになったのです。

世界的に見ても、またバブル崩壊以前の日本でも、「賃金は上がり続ける」のが常識でした。バブルが崩壊しても、その常識はまだ生きていて、なんとか賃金を上げようとした努力が見られます。それが崩れ去ったのが1997年という年でした。実際に、その後2022年の今日まで、バブル直後の水準までは賃金を回復できていません。

なお、図表3-8の名目賃金は、人件費の総額を事業所で働く人数で割った平均値です。ゆえに、個人ベースで考えれば、企業に勤めていると、わずかながらも昇給していく慣例は今でも残っていますが、平均ベースで見れば上がり幅は少なくなっているわけです。

最後に、特殊要因で物価が上昇した点についても解説しておきます。

というのも、2008年に物価上昇の山があります。これは「デカップリング（切り離し）論」の影響によるものです。2008年9月のリーマン・ショック以前から、サブプライム・ローン問題の顕在化により、欧米の株価は下がりつつありました。そして、先進国株を売って余っていたお金が、先進国経済はダメでも新興国経済は大丈夫という「デカップリング論」により、原油や穀物の先物市場にどっと流れたことで、金融市場よりも規模が小さい商品先物市場で価格が暴騰しました。2008年の物価上昇はこのためです。これは輸入物価上昇によるものですから「悪いインフレ」です。そして直後にリーマン・ショックが起き、一気にデフレに突入しました。

２０１４年にも物価が上がっています。この年は4月に消費税率が8％に引き上げられた年です（このグラフは消費税調整済み）。これは、バブル以降なかなか値上げに踏み切れずにいたところ、消費税率引き上げによって価格が変わるタイミングで、値上げしたためではないかと思われます。そして、２０２２年の物価上昇も、ロシアによるウクライナ侵攻による「悪いインフレ」と言えるでしょう。

家計も企業も過剰貯蓄

優良と思われていた大企業も潰れる時代、明日は我が身もどうなるかわからない。となれば、いざというときのため、手元にお金を残しておこうと考えるのは人の常です。こうして、企業も家計も貯蓄を優先し始めました。

図表３‐９は、日本のＩＳバランス（Investment-Saving Balance＝投資と貯蓄のバランス、貯蓄投資差額）を示したものです。国内の経済主体である「家計」「企業」「政府」におい

図表3-9 日本の部門別ISバランス

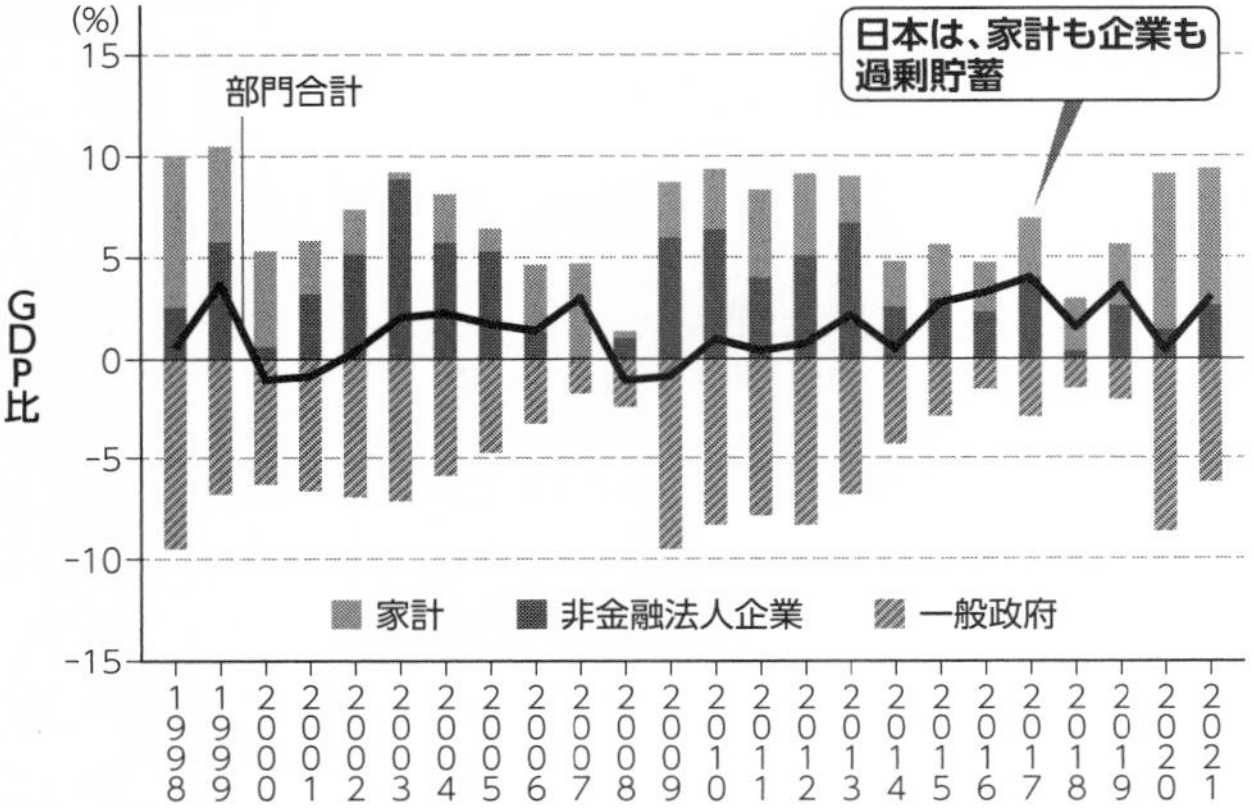

（出所）日銀

て、それぞれどれだけお金が余っているか、足りていないかを表します。

プラスが余っている状態（貯蓄超過）、マイナスが足りていない状態（投資超過）です。

「政府（一般政府）」を見るとずっとマイナスですが、どこの国でも政府は毎年国債を発行して財政をまかなっているので、投資超過＝財政赤字は当然のことです。

一方、民間部門の「企業（非金融法人企業）」と「家計」はともに貯蓄超過、お金を貯め込んでいる状態です。

これを国内全体で見たのが折れ線部分（部門合計）で、これは２０１０年以降ずっとプラス、つまり「お金が余っている」ことを示しています。

「政府の投資超過」と「家計の貯蓄超過」は、どこの国でも程度の差はあれ、当たり前です。ただ日本の場合、家計の貯蓄超過が尋常でない額に達している点が特殊ですが、これはひとえに過度な将来不安の影響でしょう。

賃金は上がらないし、将来の年金も危ないとメディアに煽られる。しかも、これまでデフレで物価が上がらなかったので、早く買わないと値段が上がるということもなかった（むしろギリギリまで待ったほうが安く買える）。これでは、積極的な消費行動は起こりにくい――。

2021年に、日本の家計の金融資産は2000兆円を超えました。しかも投資で増えたのは部分的で、半分以上が現預金となっています。この割合も日本の特徴ですが、この説明は第5章に回します。

企業の貯蓄超過は日本だけ

このグラフ（図表3-9）で、本当に異常なのは「企業の貯蓄超過」です。こんなことになっているのは日本だけでしょう。なぜなら企業とは本来、投資超過の主体だからです。

お金を調達し、それを元手に事業を行い、収益を上げ、従業員に賃金を払ったり、株主に収益を還元したり、設備投資をしたりして経済成長に寄与する――それが企業本来の姿であり、自ずと投資超過に傾くものです。それが日本では、デフレに陥った1990年代後半以降、ずっと貯蓄超過の状態が続いています。

緩やかなインフレの国では、新しいことに果敢にチャレンジしていく人のほうが出世し、経営者にもなりやすいものです。しかしデフレ下では、できるだけ積極的な経営を行わず、内向きに経費削減やリストラなどで数字を安定させるほうが評価されやすいことになりがちです。それゆえ日本では、なかなか前向きな経営に踏み切らない経営者が増えてしまったのではないかとの指摘もあります。

それでも一昔前までは、儲けを人件費に還元することも多かったのですが、グローバル化で経済構造も変わるなか、企業は株価を維持するために株主への配当に重きを置くようになっています。とはいえ、待遇が悪いと従業員が辞めていくので賃金にも気を配りますが、前章で見たとおり、日本は労働市場の流動性が低く、賃金を上げるインセンティブが少ない傾向にあります。そうすると、株主配当、原材料高騰、経済危機への備えなど、さまざまな不安要素を考慮して、従業員には我慢してもらう……ということになりやすいのでしょう。

過剰貯蓄はマインドの問題か、政策の問題か

では、日本企業はどれだけお金を貯め込んでいるのでしょうか。法人企業の売上高における現預金の割合を示す「売上高現預金比率」(図表3-10)を見てみましょう。

近年で、現預金比率が上がり始めたのは2008年に起きたリーマン・ショックの後からです。リーマン・ショックは「1929年の世界恐慌以来の金融危機」と言われたほど大きなインパクトを与え、世界経済はかつてないほど悪化しました。ここで、企業経営者はリーマン・ショックの再来に備えて貯蓄に舵を切り始めたのでしょう。なお、2020年の山は、コロナ・ショックで急激に売り上げ(分母)が減ったことも、貯蓄の割合が増えたことに関係しています。

ここで注意しなければならないのは、「現預金」と「利益」は別物だということです。

図表3-10 日本企業の売上高現預金比率

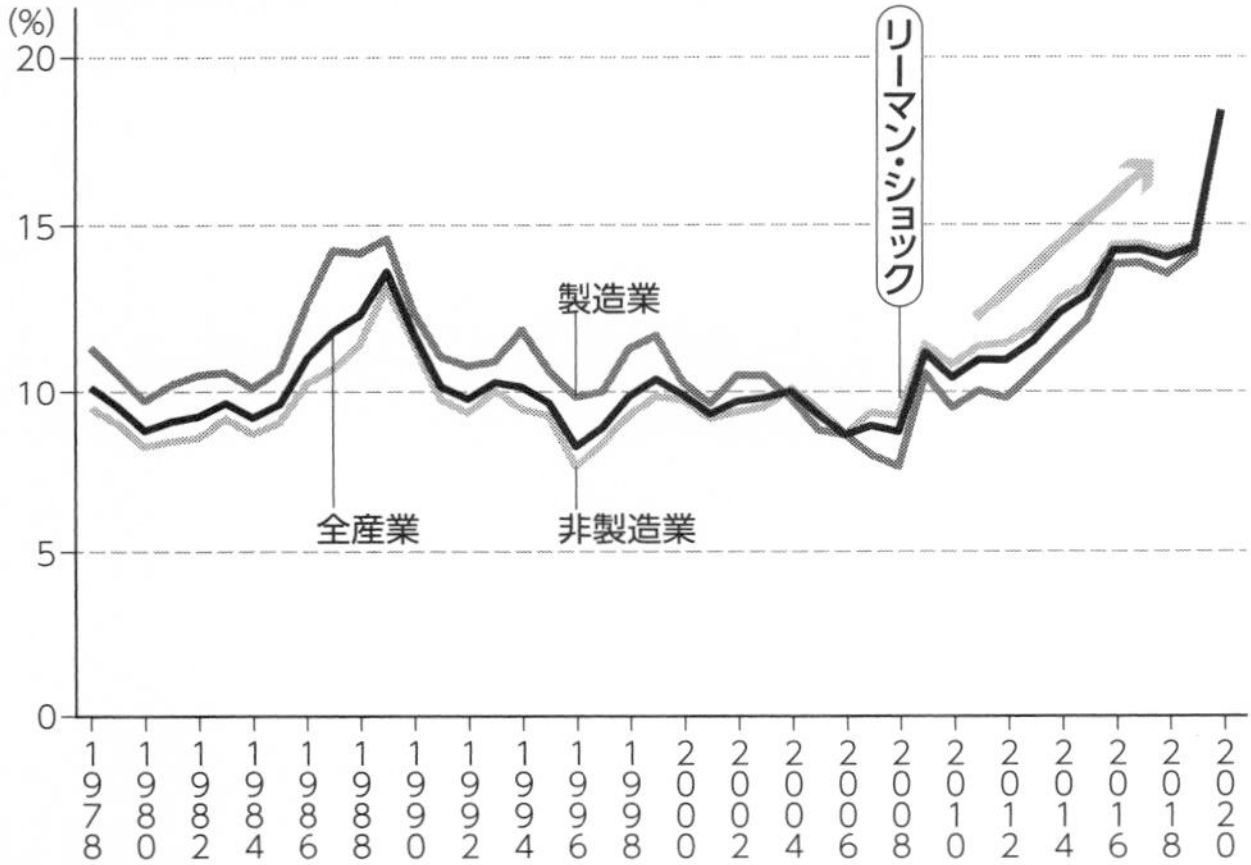

(出所)財務省

フローの「利益」が上がっていれば、好調な会社として株価も上がりやすくなりますが、現預金という「資産」を貯め込むだけで有効利用しないのでは、企業としての評価にはつながりません。海外の株に比べて日本株が弱いのは、こういうところにも起因していると考えられます。

企業が貯め込んでいるお金を吐き出させるために、一部の政治家などからは「現預金課税」などの案も出ています。法人税は基本的に利益にかかるもので、資産である現預金にはかからないからです。

ただ私は、ムチを使って促すよりも、

使ったら得をする仕組みをつくって能動的にお金を使わせるような、アメの政策のほうが効果的ではないかと思います。アベノミクスでは企業の海外逃避を防ぐために、法人税の引き下げを行いました。しかし、法人税率引き下げは、お金を使っても使わなくても恩恵にあずかれてしまいます。結果論ではありますが、もう一歩踏み込んで、お金を使ったほうが得をする投資減税などのほうが良かったかもしれません。

貯蓄超過と金利の関係

過剰な貯蓄の問題は、単にお金が市場に出回らない、という以外にもあります。

お金が余っている／不足していることが何に影響するかと言うと、金利です。お金が足りなければ借りたい人が多いので金利が上がり、余っていれば金利が下がりやすくなります。日本の金利が下がって利子所得が減ることをけしからんとする向きもありますが、これだけ貯蓄超過の状態では仕方ないことなのです。

このため、日銀がマイナス金利政策をやっても、そもそも中立金利（経済に対して引き締めでも緩和でもない中立的な金利水準）が低すぎるので、それよりも実際の金利を下げることが困難になり、金融緩和だけでは効果が出にくいのです。そして、マイナス金利のマイナス幅を拡大しすぎてしまうと金融機関や年金運用などに支障が出てくるので、金融緩和にも限界がきてしまうのです。

このように、金融政策だけでは効果が不十分なときには、財政出動や減税によって政府がお金を使わなければならないのですが、日本政府は財政出動をしぶっているがゆえに、財政政策の効果が不十分となっています。

こうして、企業と家計の貯蓄超過は続き、中立金利が低いまま保たれているわけです。中立金利が低すぎる問題については、第4章で改めて解説します。

第４章　「低金利」ニッポン

低金利の影響

国内の経済主体は「家計」「企業」「政府」ですが、もう少し細かく言えば、各主体には「お金を借りている側面」と「貸している側面」があります。言い換えれば、「利子を払う」場合と「利子を受け取る」場合があるという意味です。

金利が下がった場合、利子収支がプラス（受け取る利子が利払いより多い）のところは、受け取る利子が減るのでマイナス、逆に利子収支がマイナス（受け取る利子より利払いが多い）のところは、利払いが減るのでプラスの影響があります。

政府は毎年国債を発行してお金を調達することで利息を払っていますから、利子収支はマイナスで、金利が下がった分の利払いが減ります。一方で、それ以外の主体は利子収支がプラスで受け取る利子のほうが大きいので、低金利は直接的な影響だけを考えれば家計や企業にとってはマイナスの影響を与えます。

家計においては、金利が高ければ銀行預金の利息も上がるので、一昔前は銀行に預けているだけでお金が少しずつ増えていきました。しかし、現在の利息は０・００１％と、もはや手数料のほうが高いような状況です。金融機関にとっても、金利が高け

図表4-1 経済主体別の利子収支

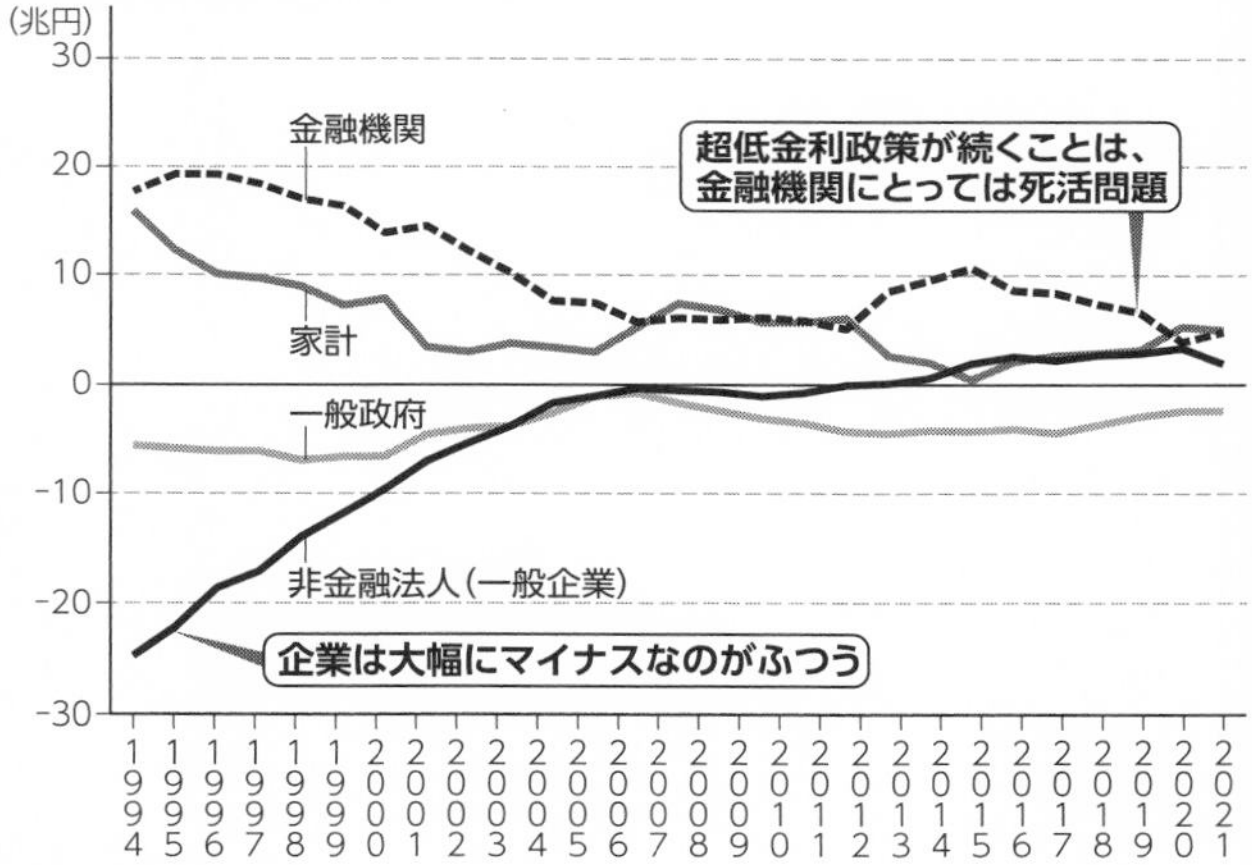

(出所)内閣府

れば貸付の利子収入が増えますし、国債など資産運用の利回りも上がりますが、低すぎるとこうした利益が出せなくなるので死活問題になります(図表4-1)。

他方で、非金融法人(一般企業)では、低金利ならお金を借りやすくなり、資金調達がしやすくなるメリットが見込まれます。しかし、グラフでは、ここ10年ほど、非金融法人の利子収支がプラスに転じていることがわかります。

日本企業に低金利が及ぼす影響

非金融法人においても当然、利子収

支がプラスの場合には低金利はマイナスの影響を与えることになります。ただ、そもそも企業の利子収支がプラスになっているというのは、第3章で見た「企業の貯蓄超過」という異常事態を意味します。

前述したとおり、企業とは資金調達しながら事業を行う主体なので、基本的には利子収支はマイナスであるはずだからです。図表4－1で言うと、1994年頃の、大幅にマイナスに傾いているくらいが世界的に見たらふつうです。

金融緩和がなぜ景気を刺激することにつながるかと言えば、自国通貨が安くなることで経済の競争力が強まることに加えて、お金を借りやすくすることで設備投資をしやすくしたり、利払い負担を減らしたりする効果があるからです。

しかし今の日本では、企業はお金を使う主体ではなく貯め込む主体になってしまっています。それにより、本来プラスに働くはずの金利低下が、企業にとってもマイナスの影響を及ぼしかねない状況になってしまっています。金利低下の恩恵があるのが政府だけで、企業に対してはむしろ恩恵が少ないというのは、世界的に見て異常な状態です。

そもそも日本の金利はなぜ低いのか

金融政策の基本は、金利をコントロールすることです。そして、金利をコントロールする際に基準になるのが「中立金利」です。では、何が中立金利を決めるかと言えば、お金の需給です。お金を使いたい人が多ければ中立金利は上がるし、貯蓄をする人が増えてお金が余ってくれれば中立金利は下がります。

そして、この中立金利の水準より、実際の金利を下げるのが「金融緩和」、逆に実際の金利を上げるのが「金融引き締め」です。そうやって中立金利から実際の金利を動かすことで、経済活動を適切な方向へ誘導することが、中央銀行の金融政策の基本です。

しかし、海外の研究などを見ると、日本の現在の中立金利水準は大幅マイナスになっているとされています。なぜなら、日本の企業も家計も、将来のためにお金を貯め込みすぎているからです。

国内の経済主体は基本的に「家計」「企業」「政府」しかありません。このうち日本では家計と企業がお金を貯めすぎてお金が余っています。政府はお金が足りないのですが、三つの主体を合わせると、国内全体では異常にお金が余っており、よって中立金利は大幅マイナスとなります。

しかし、景気を上げるために金融緩和＝金利を下げたいとはいえ、やみくもに金利を下げればよいのかと言えばそんなことはありません。すでに大幅マイナスの中立金利よりもさらに実際の金利を下げるとなると、今度は金融機関や年金運用への副作用が懸念されるレベルになりかねません。

逆に、利子収入を増やすために「金利を上げろ」との声もありますが、マクロ経済学の立場から見れば、中立金利がマイナスである以上、ここで無理に金利を引き上げてしまったら金融引き締めになり、さらに景気が悪化してしまうことになります。

流動性の罠

つまり、現在の金融緩和というのは、本当はもっと金利を下げたいのに物理的に下げられないでいるわけです。このように、中立金利が低すぎて金融政策が効きにくくなっている状況を、経済学では「流動性の罠」と呼びます。

では、この「流動性の罠」を脱出するにはどうすればよいのでしょうか。海外の主流派経済学者が揃って言うことは、「中立金利が金融政策の効く水準に戻るまで、財政政策を積極的に行うべき」というものです。２０１４年に元米国財務長官のローレンス・サマーズ氏が提唱して話題になった「長期停滞論（Secular Stagnation）」の処方箋がこれです。

サマーズ氏は２０２１年11月にＮＨＫで放送されたインタビューで、日本において今必要な政策は「財政出動と減税」と言っています。減税を加えているところがポイントで、日本の場合には長期の経済停滞による将来不安などにより、給付金では貯蓄に回ってしまうからです。これはコロナ給付金の例でも明らかです。一方、用途や期限を定めた減税というのは、支出を促す政策です。

実際、コロナ・ショック以後、多くの国が期限付きの消費減税を行いました。しかし、日本では行われませんでした。日本の場合、一度減税を行うと元に戻すときの反発が大きくなるのを政府や財務省が恐れているようです。

しかし、こうした日本の政策当局のメンタリティが変わらない限り、日本のデフレはこのまま続く可能性があります。金融政策は黒田総裁になって変わりましたが、財政政策が変わらないと、デフレ脱却はなかなか難しいのです。たとえ量的緩和を行っても、お金が市場に「回って」いかなければ効果は限られるからです。どこの国でも、財務省は大規模な財政出動をやりたがらないものですが、海外では官邸主導、政治家主導で大胆な政策を行ってきました。その意味では、日本も海外を見習うべきでしょう。

日本の政府債務残高の伸びは少なすぎる

サマーズ氏やバーナンキ氏に限らず、海外の主流派経済学者の間では、デフレ脱却のためには金融緩和に加えて財政の積極的な出動が必須であるというのが常識になっています。

しかし、日本では均衡財政主義が主流になっています。そして、マスコミでは「日本の政府債務が増えて大変だ」というメッセージが定期的に流されるので意外に思われるかもしれませんが、海外と比較したグラフ（図表4－2）を見ると、明らかに日本の政府債務残高は増え方が少ないことがわかります。

2001年の政府債務を100とした場合、最も多いイギリスでは6倍以上、アメリカで5倍以上、フランス、カナダも約3倍、ドイツで2倍程度になっています。こ

図表4-2　G7諸国の政府債務残高

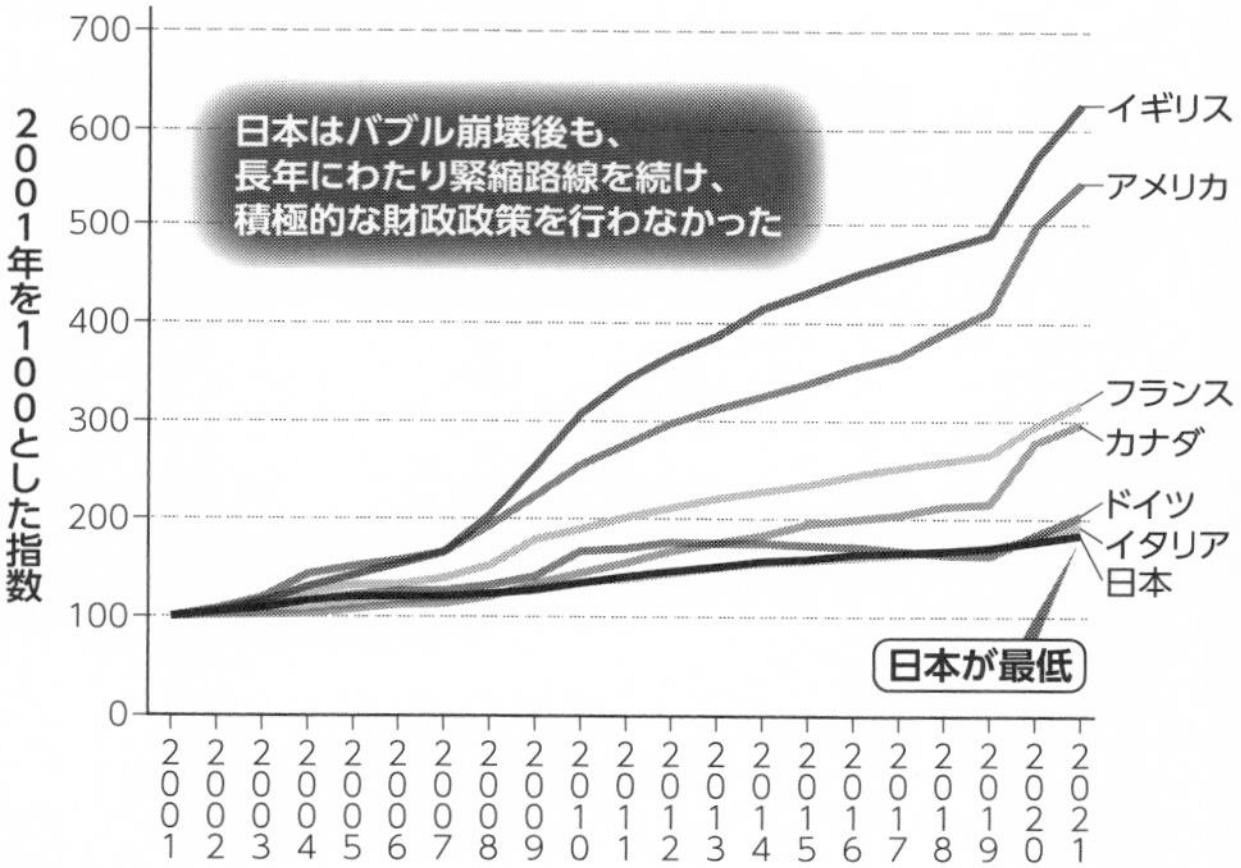

（出所）IMF

れに対して日本とイタリアは2倍にも満たない状況です。

よく新聞などで「過去最大の予算」「拡大する財政赤字」と、まるで大変なことが起きたかのように騒がれますが、これはナンセンスです。政府債務は増えるのが常識で、毎年予算は「過去最大」がふつうなのです。

バランスシートでは、「債務」の対には必ず「資産」があります。つまり、政府が債務を増やして支出を増やすということは、民間部門に支払われた分だけ、民間部門の資産が増えているということなのです。

イギリスやアメリカは政府債務が5

〜6倍も増えているわけですから、当然経済も拡大します。一方、日本と同じく緊縮財政のイタリアも、賃金が上がっていないのは図表1-3（第1章）で見たとおりです。日本は政府から民間へ回すお金が圧倒的に少なすぎたことも、低成長の一因と言えるでしょう。

財政健全化は必要ないのか？

そうすると、政府債務残高を減らす＝財政の健全化は不要なのか？　という疑問が湧いてくると思います。実は、そこが日本と海外の専門家の考え方の最大の違いにもなります。

日本では、政府債務をあまり増やさないほうが良いという意見が多くみられます。政府の一般会計予算を見る立場で、政府内だけを見たら、確かに債務は増えないほうが良いということで、プライマリーバランス（国や自治体の基本的な財政収支）を黒字化したくなるでしょう。日本で政府債務残高に危機感を持つ考えは、すべてこの立場から来ています。

しかし、もっと俯瞰的に経済を見れば、「中央銀行」という特殊な存在に気付くはずです。

現在の日本の政府債務の約半分は、日本の中央銀行である日銀が新たに発行したお金で国債を市場から買って吸収しています。国債保有者に対して政府は利息を払いますから、政府は日銀に利息を払っていますが、日銀の儲けは国庫納付金として最終的に政府に戻ってきます。また、元本についても、政府は民間企業や個人とは違うので、借り換えで続けていけます。

つまり、政府債務のうち、日銀が持っている債権は別枠で考えなくてはなりません。これが海外の専門家では常識の「統合政府」と呼ばれる考え方です。

日銀の出資証券は半分以上、日本政府が持っていますので、いわば民間企業における子会社のようなものです。民間企業では子会社も含んだ連結決算をするのが常識であり、連結決算においては親会社・子会社間のお金の貸し借りは相殺《そうさい》されます。同じように、事実上の政府債務は、中央銀行の保有分を別枠で考えるべきだという論です。

実際にグラフ（図表4－3）を見ると、政府債務残高は毎年増えていますが、日銀保有分を抜いてみると一気に減ることがわかります。

図表4-3 日本の政府債務残高の推移

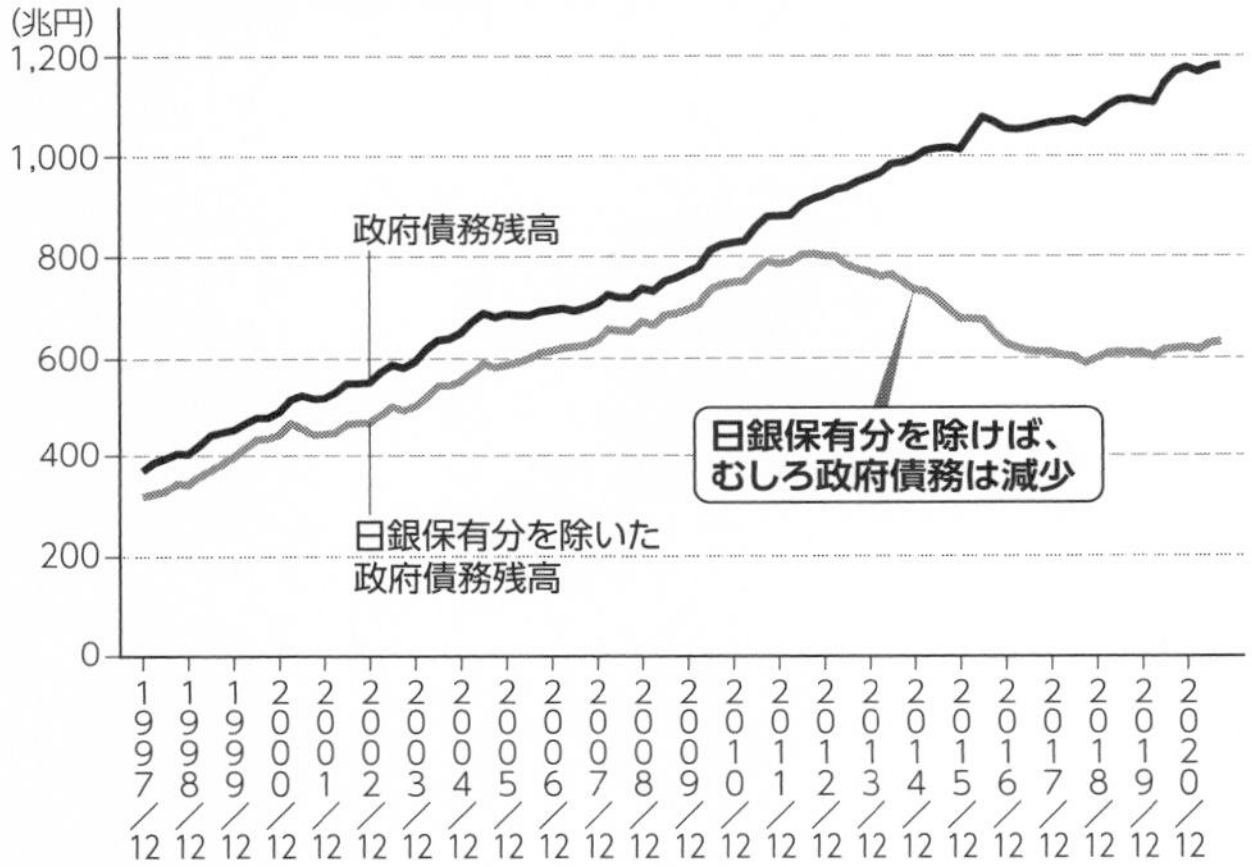

(出所)日銀

さらに日本国債というのは海外保有の割合が低く、9割程度が国内で持たれています。ゆえに、日本国債はマーケットで不安視されていませんし、日本国債の信用力を反映したクレジット・デフォルト・スワップの保証料率から弾き出される倒産確率は0・3%程度と、アメリカと並んで安定しているわけです。つまり、日本の政府債務は「危なくない」のです。

そして、ここで重要なことは、政府債務残高だけで財政の予算制約を計るのは間違いである、ということです。少なくとも現在、海外の専門家の多くはそう考えています。

では、何で見るかと言うと、インフレ率です。

中央銀行の保有国債を別枠で考えられるならば、理論上は、すべての国債を中央銀行が買えば政府債務をゼロにできます。しかし、中央銀行が国債を買う場合には貨幣を新たに発行するわけですから、やりすぎると大幅なインフレに傾いていく可能性があります。だから、インフレ率が指標になるのです。

このように、財政規律は政府債務だけではなく、インフレ率なども含めて総合的に計るのがグローバルスタンダードです。そして、2022年3月現在の消費者物価指数で見たインフレ率はアメリカで8%、ヨーロッパで7%を超えていますので、欧米では経済政策を引き締める方向に向けて動き出しています。

この考え方で見れば、日本のインフレ率はグローバルスタンダードな目標の2%に遠く及びませんので、まだまだ財政出動が可能という判断になります。少なくとも中立金利が低すぎて金融政策が効かない状況（流動性の罠）から脱するまでは、財政出動によって政府が効果的にお金を使わないと、日本経済は良くならないでしょう。

フィッシャー方程式と「明日は良くなる」という期待

金利が低くなるのは、お金の需給が逼迫《ひっぱく》していない（需要が足りない）からでした。

これをさらに踏み込んで言えば、「今のお金より将来のお金のほうが大事」と思う人が多い、ということです。よって金利を上げるには、逆に「今のお金のほうが将来のお金より大事」だと、人々のメンタルが変わることが必要になります。

今のお金のほうが大事と思えるための最大のポイントは、「今日より明日は良くなるだろう」という楽観的な気分です。将来が楽観できれば、収入からそれなりの割合でお金を使うようになり、経済が回り出し、企業の収益も上がって賃金も上がるという好循環が生まれます。日本にもこうした好循環が生まれることが、金利を回復させるためには必要です。

経済学的には、以下の「フィッシャー方程式」という金利とインフレ率の関係を示した理論があります。「名目金利＝実質金利＋期待インフレ率」という式で表されます。

そして、実質金利は長期的に期待される経済成長率を示すことになりますから、金利が決まるメカニズムを「その国の期待される経済成長率とインフレ率の和」という式で説明するものです。

「名目金利」とは、物価変動の影響を調整していない、額面どおりの金利のことでした。日本では中長期的な実質金利と類似する潜在成長率も0％台、期待インフレ率もインフレ目標の2％に遠く及びませんから、諸外国の水準まで金利が上がりようのないことがわかります。少し難しく見えますが、要は、「景気が将来良くなるだろうという期待」と「物価が上がるだろうという期待」が高くなれば金利は上がるということです。

日本は低金利から脱却できるか？

一方、期待インフレ率も含めて日本の物価が上がらないのは、インフレ目標2％が達成できる程度に経済が回復していないからです。図表4－4の消費者物価指数を見てください（2008年〜2009年の乱高下は、デカップリング論によってコモディティ市場に急激にお金が流れ込んだ後のリーマン・ショックによるものなので、イレギュラーとしておきます）。

図表4-4 インフレ率とGDPギャップ

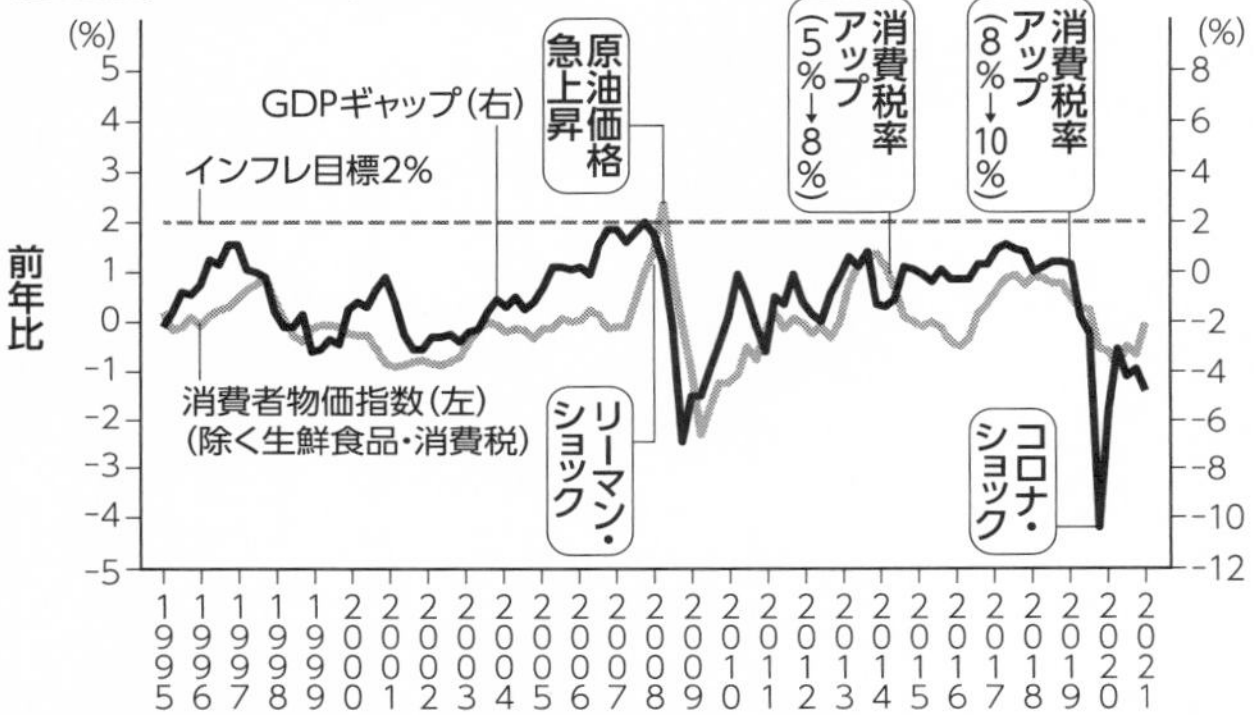

(注)GDPギャップとは、国の経済全体の総需要と供給力の乖離のこと。プラスの場合は、インフレギャップと呼び、好況や景気が過熱しており、物価が上昇する要因となる。逆にマイナスの場合は、デフレギャップと呼び、景気の停滞や不況となっており、物価が下落する要因となる。

(出所)総務省、内閣府、日銀

アベノミクスが始まる２０１３年まではインフレ率が０％を下回るデフレ傾向にありますが、２０１３年以降は物価が上がりプラスに転じていることがわかります。

物価は、需要と供給のバランスで決まります。日本経済全体で見た需給バランスを「ＧＤＰギャップ」と言い、需要が供給を上回る（モノやサービスが足りない）ときにはプラス、需要が供給を下回る（需要が足りない）ときにはマイナスに転じます。

グラフを見ると、物価にやや先行してＧＤＰギャップが変動していることがわかります。そして、この内閣府版

ＧＤＰギャップがプラス２％程度まで回復すれば、インフレ率も２％に到達するという関係があります。しかし、アベノミクスでは２％に届くことが期待されましたが、拙速な消費税増税（５％→８％）のせいで結局、２０１４年度以降下がってしまいました。

ＧＤＰギャップがマイナスにある現在は需要不足なので、需要を引っ張り上げなくてはいけません。繰り返しになりますが、そのためには「世の中のお金の総量を増やすこと」（金融政策）と同時に「政府が呼び水となってお金をたくさん使うこと」（財政政策）、この両輪を大胆に回すことが不可欠です。

さらに、「少なくともインフレ率がプラス２％に達するまで続ける」「その間は増税や金融引き締めを我慢する」ということを厳守することも必要です。

これらのことが実践できれば、企業業績もかなり回復し、人手不足にもなってくるはずです。そうなれば、企業も人件費を上げざるを得なくなりますから、必然的に給与も上がり、好循環が始まってくるでしょう。

しかし日本の現状では、金利が自然に上がることは難しいでしょう。金利が自然に上がりやすくなる環境をつくるまでは、少し辛抱することが必要です。フィッシャー方程式で見たとおり、実体経済や人々の期待がついてきてはじめて、低金利から脱出できるのですから。

バブル崩壊以降の日本経済は、経済政策の出口の面での拙速さが目立ちました。経済が少し上向いてきたらすぐに引き締めてしまい、元に戻してしまいました。拙速な消費税増税や利上げしかり、もう少し辛抱したら結果は違っただろうに、ということがいくつもあります。このため、現在の岸田文雄政権や日銀が同じことを繰り返さないことを期待します。

2023年の日銀総裁交代で、異次元緩和は終了する？

「アベノミクスの異次元緩和は効果がないから、金利を元に戻すべき」という意見があります。もちろん、この発言は間違っています。ここまで見てきたとおり、アベノミクスには効果があったし、十分な景気回復が見られなかった最大の理由は（財政出動の不足やタイミングの悪い消費税増税などの要因もあるとはいえ）、長期化しすぎたデフレによってデフレマインドが定着してしまっていたからです。

ただ、妥当かどうかにかかわらず、金融緩和が出口に向かうタイミングが近づく可能性があるのも事実です。２０２３年の春に、日銀の黒田総裁が2期目の任期満了を迎え（厳密には任期満了せず去った白川方明《まさあき》氏の引き継ぎもあり2期＋αの歴代最長の任期でしたが）、総裁と、さらに副総裁2名が交代する可能性があります。

もし、岸田首相が「金融緩和を終わらせたいと考える人」を次期総裁に選んでしまえば、せっかくここまで続けた金融政策が、２０１３年以前に逆戻りしてしまうかもしれません。そして、岸田政権へのこうした不安は、ここまでの政権運営を見ている限り払拭できていません。

２０２１年12月23日の講演で、岸田首相は日銀の金融政策について触れ、インフレ目標2％の実現に向けて「努力されると期待しております」と述べているものの、「分配」重視路線や閣僚人事などで岸田政権がどう動くかはなんとも言えません。

今の日本が低金利なのは経済環境が悪いから仕方のないことで、局所的なデメリットだけを取り上げて、ここまでの日本の努力を無にするのは問題です。これまでの政権で問題だった点は正していくべきですが、成功した経済政策までを否定するのはナンセンスです。

アベノミクス以降、マーケットを重視した経済政策への好感から、日本株が海外からも買われるようになりました。逆に今、岸田政権に対する不安感もあり、株価が海外にくらべて上がりにくくなっています。株価が上がりにくくなれば企業業績に、ひいては我々の雇用や賃金にも影響するため、もう少しこの反応を重く受け止めてもらいたいものです。

官邸主導で人事を行わないと、強気の金融政策を推し進める日銀総裁・副総裁が選ばれない可能性もあります。それをリスクと見る向きが多いことも事実です。

日銀総裁交代の影響

しかし、日銀の総裁が交代しただけでそんなにマーケットは変わるものなのか、と思う人がいるかもしれませんが、これが、大いに変わるのです。

それを示したのが図表4-5です。いちばん上の矢印を見てください。

2012年に衆議院の解散が決まるまでは、1ドル70円台の超円高が続いていました。

ふつう自国通貨高の場合には、経済悪化を阻止するため、政策当局は通貨高を阻止

図表4-5 日経平均株価、ダウ平均株価、ドル円レートの推移

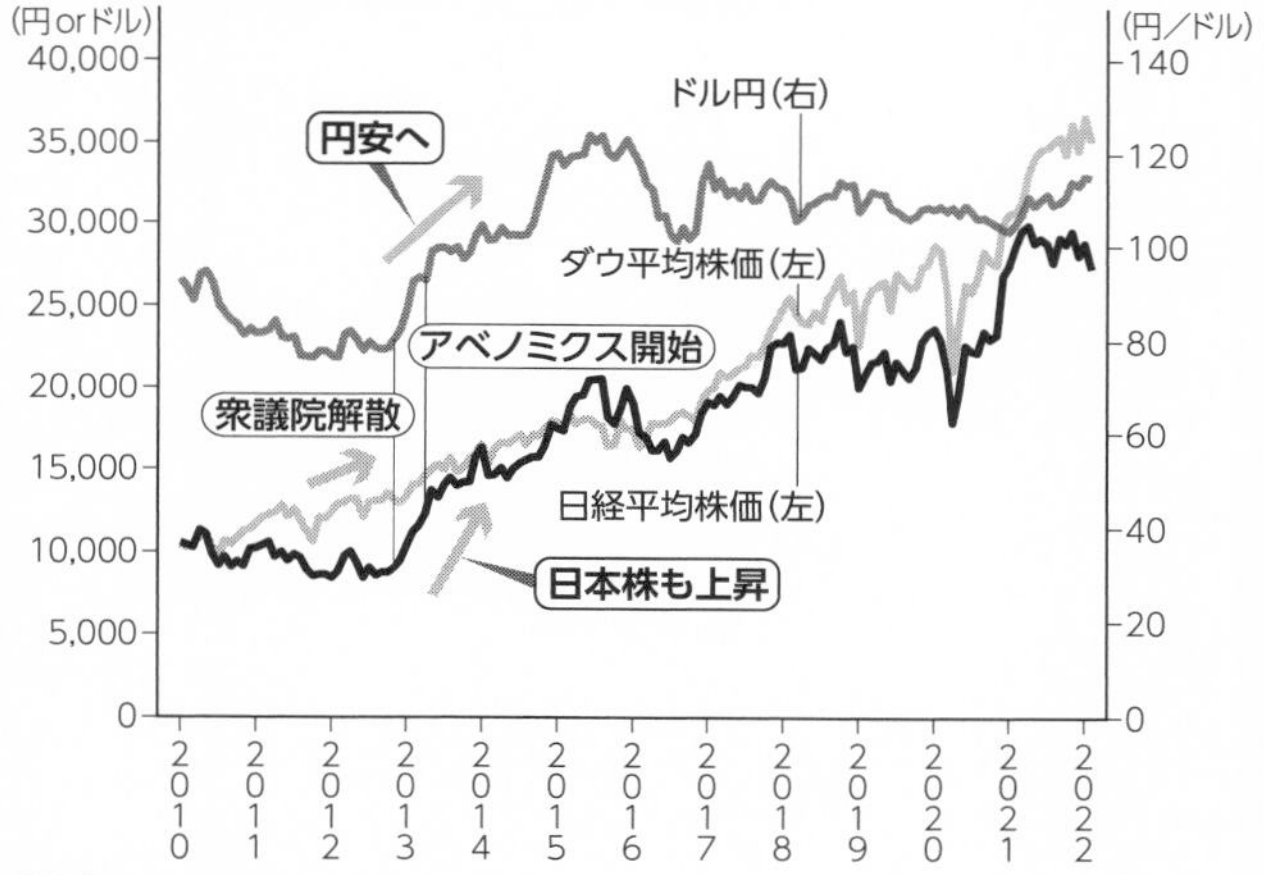

(出所)トムソン・ロイター

しようとします。しかしこのときのマーケットでは、「どうせ放置するから円高が続くだろう」という予想が主流となり、さらに円高が加速していた状態でした。特に、日本の金融政策にマーケット関係者の多くが期待していなかったのです。

それが、２０１２年11月、民主党政権が衆議院解散宣言をします。当時の支持率からすれば民主党は選挙で勝てそうもなく、自民党総裁だった安倍晋三氏が次期首相になることはほぼ確実とみなされました。安倍氏は金融緩和政策やマーケットが好む経済政策をずっと掲げていたため、就任前から市場

は先回りして動き、一気に円安に傾いたのです。またこのとき、ずっと落ち込んでいた日経平均株価も同時に上がりました。

民主党政権時代は、金融緩和にも消極的でアンチ・ビジネス的な発言も多かったことで、外国人投資家は日本株を手放しました。それが安倍政権になり、日銀総裁も黒田氏に代わり、グローバルスタンダードに見合った金融政策が始まりそうだということで、ふたたび日本株が買われ始めたのです。

経済にとって、期待値やマインドがいかに大きな要素であるかがわかります。

第5章　「低成長」ニッポン

世界的に見ると、日本はどのくらい低成長なのか

Ｇ７諸国の実質ＧＤＰを比較したグラフ（図表５－１）を見てください。下から２本目が日本です。１９９０年に比べて実質ＧＤＰは１・２倍にしかなっていません。最も成長しているのがアメリカで、30年間で実質ＧＤＰが約２倍。カナダも２倍近い。それにイギリスが続きます。フランスとドイツも含め、Ｇ７中５ヵ国はおおよそ１・５倍以上の成長率です。

具体的な数字を自国通貨で見てみると、日本の１９９０年の実質ＧＤＰは４２６兆６２９２億円で、２０２０年には５２８兆９６０５億円。アメリカは１９９０年に９兆３７１５億ドルで、２０２０年には18兆３８４７億ドル。アメリカの成長は凄まじいものがあります。

日本はかろうじてイタリアより上ですが、特にアベノミクス以前は、しばらくイタリアに抜かれていました。

付け加えれば、このＧＤＰのグラフと、政府債務残高のグラフ（第４章／図表４－２）は似ていることにお気づきいただけると思います。政府債務を増やした国より、増や

図表5-1 G7諸国の実質GDPの推移

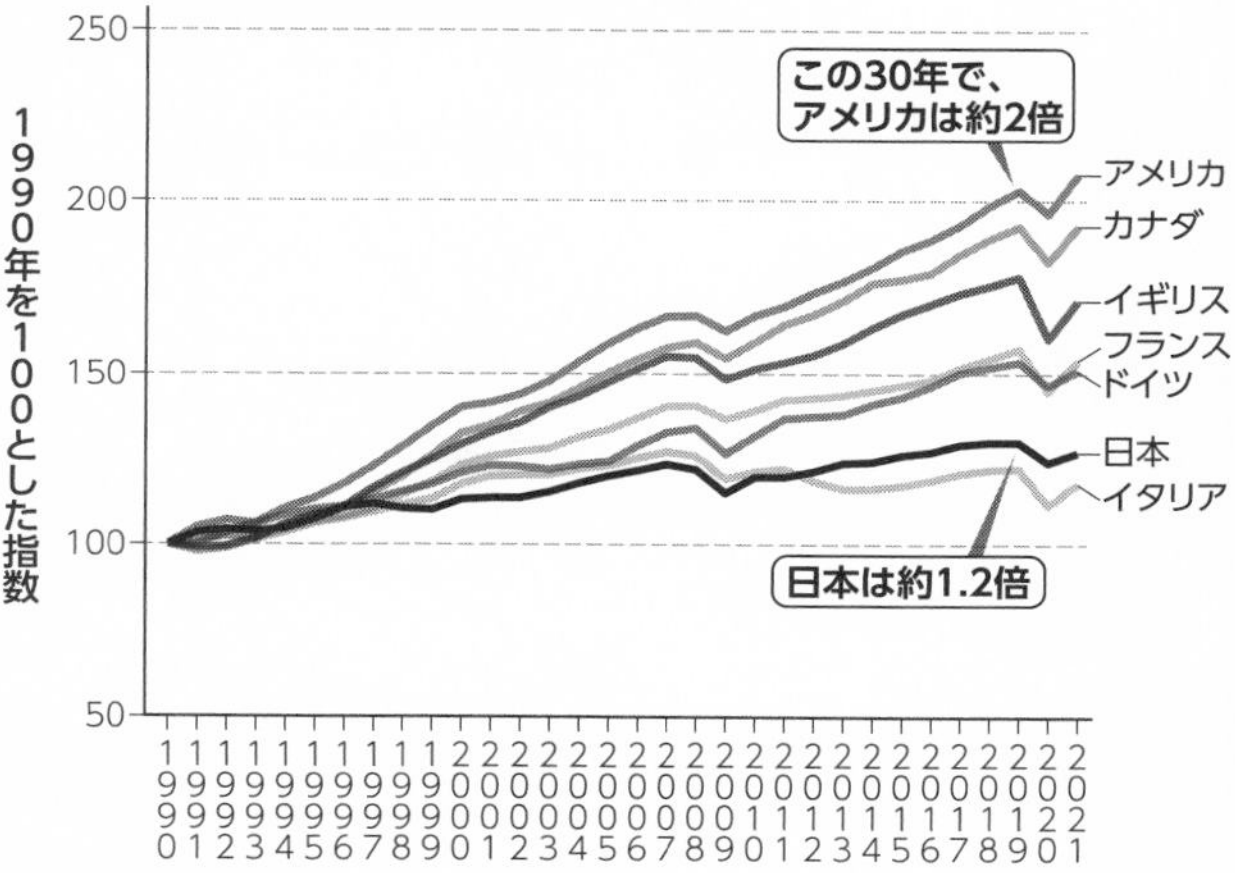

（出所）IMF

していない国のほうが経済成長が低いことがここでも証明されます。

業種別の成長率

さて、いくら低成長な日本とはいえ、業種別に成長率を見れば、確かに成長している業種もあります。図表5−2は業種別に、1994年と2020年を比較した成長率のグラフです。

特に成長が目立つのは、「保健衛生・社会事業」「専門・科学技術、業務支援サービス業」「情報通信業」です。

「保健衛生・社会事業」は高齢化により介護施設などが増えていることで、

図表5-2 日本における業種別の経済成長率(1994年に対する2020年の割合)

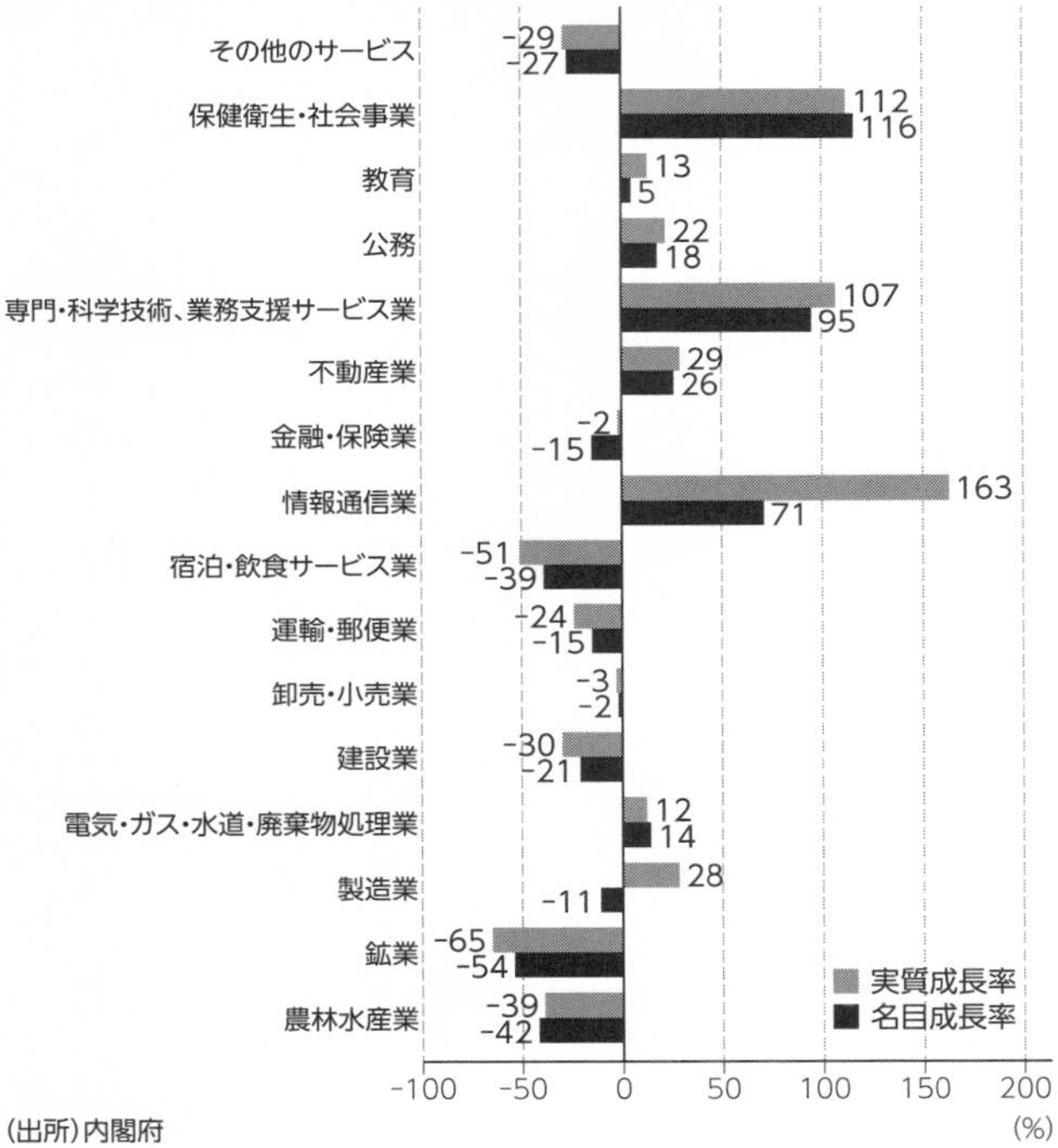

(出所)内閣府

「情報通信業」はデジタル化の進展などによって、それぞれ成長しています。「専門・科学技術、業務支援サービス業」というのは研究開発や検査、試験、あるいは法律、財務や経営戦略など、専門的な業務支援を行う業種を指し、アウトソーシングされるものも含みます。これも企業の業務が高付加価値化していくなかで、順調な成長が見られます。

反対に、「宿泊・飲食サービス業」「運輸・郵便業」「建設業」「鉱業」「農林水産業」ではマイナス成長が目立ちます。

２０２０年のデータなので、運輸や宿泊・飲食についてはコロナ禍による影響も大きいわけですが、総じて、先に挙げた三つの業種のような「産業構造の変化のなかで必然的に伸びざるを得ない産業」以外の成長は乏しい。これが産業別に見た成長率の違いです。

なぜ日本は低成長なのか

しかし、なぜかくも長期にわたり、日本は低成長なのでしょうか。

ここまでの章では財政政策の不十分さを力説したわけですが、そもそも、もうひとつの金融政策が後手に回り続けてきたことも大きな要因です。バブル崩壊後、正しいタイミングで正しい金融政策が行われなかったことでデフレに陥ってしまったことは明らかだからです。

日経平均株価は1989年末に3万8957円をつけたのをピークに、1990年明けから値を下げ始め、同年10月には1万9782円まで下げ大暴落します。つまり、このときからバブル崩壊は始まっていました。それでも日本は1989年〜1990年にかけて1年半ほど利上げをしています（第1章／図表1-6）。

1991年7月にはようやく利下げを始めましたが、段階的に少しずつ下げています。利下げが後手に回り、しかも「良いデフレ」などといった理論を振りかざしながらダラダラと行ってしまったために、結局日本はデフレスパイラルに陥ったうえ、それを長期化させてしまいました。

欧米ではこうしたバブル崩壊後の日本の状況を見て、もし同様の不況が自国で起こった場合、日本のように取り返しがつかないレベルにまで落ち込ませないためにはどうしたらよいかが研究されました。その研究者の一人であったバーナンキ氏が、その後アメリカのFRB議長になり、リーマン・ショックに対応したことは、第1、3章で述べたとおりです。

リーマン・ショックに際して、バーナンキ氏は一気にゼロ金利まで下げています。

さらに彼は、自身が研究していた不況脱却の理論である「非伝統的金融政策」――

図表5-3 日本とアメリカのマネタリーベースの推移

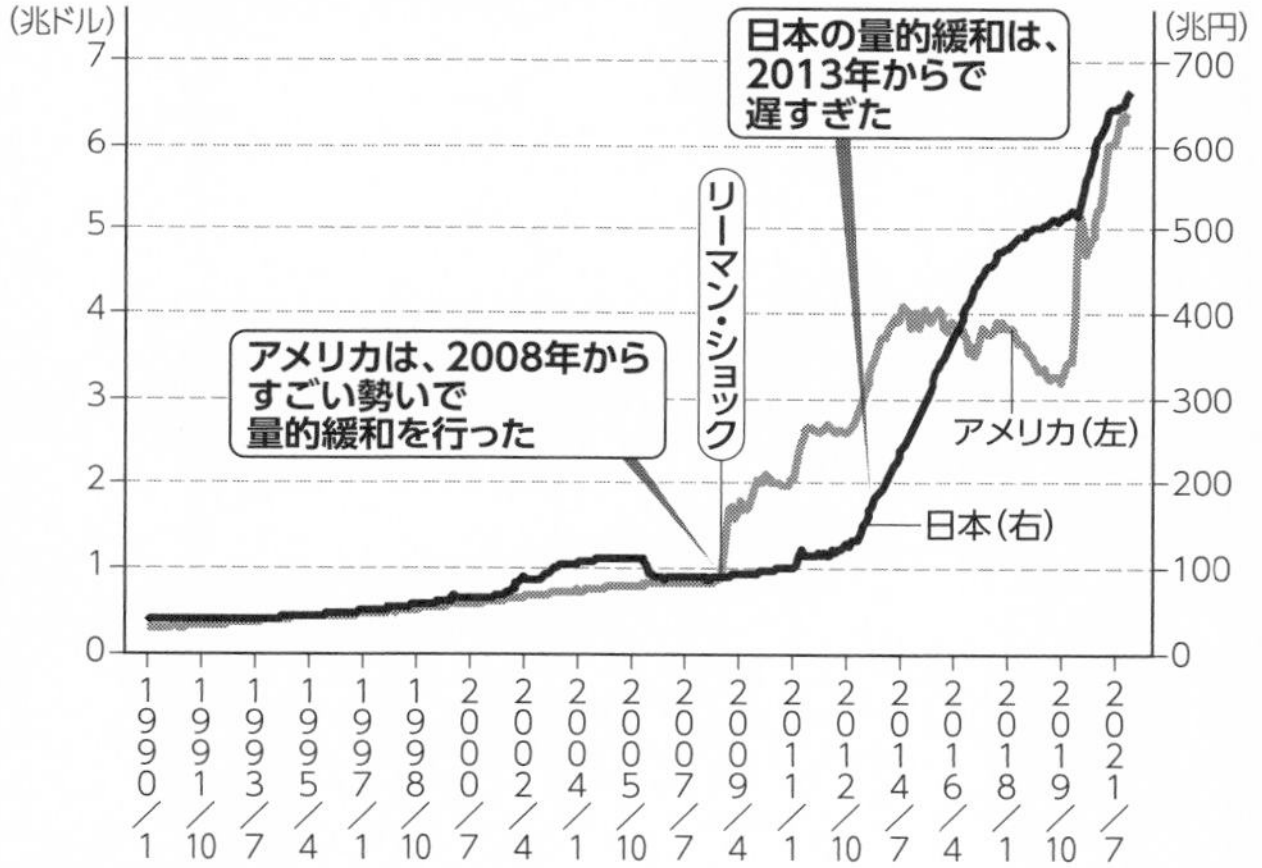

(出所)FRB、日銀

金利調整にとどまらず、市場に出回るお金の「量」を増やすという金融政策と財政政策を連携させた経済政策を大規模に行う——を実践したのです。いわゆる「量的緩和」です。

図表5-3でも、アメリカのマネタリーベース（中央銀行が直接供給するお金の量）が2008年から急激に上がっていることがわかります。

このように、リーマン・ショックに対して欧米がこぞって量的緩和政策でデフレ回避をしていた一方、このときすでにデフレに陥っていた日本は欧米に追随しませんでした。そこで起きたのが、1ドル70円台の異常な円高です。

これにより日本企業の生産拠点が次々に海外に移転し、国内産業が衰退する「産業空洞化」が起こります。これでバブル崩壊以降ボロボロだった地方経済は、壊滅的に疲弊してしまいました。

その後ようやく、２０１３年4月から日本でも量的緩和政策がとられます。日本のマネタリーベースが一気に伸びているところがそれです。

デフレに陥る前の急性疾患の状態でこの手当てを行えば、日本経済もデフレに陥らなかった可能性があります。しかし、バブル崩壊から20年以上経過した２０１３年時点で、日本はすでにデフレスパイラルから抜け出せない慢性疾患の状態でした。このため、リーマン・ショック後の欧米のような効果は出ませんでした。残念ながら対応が遅すぎたのです。

少子化はどのくらい影響しているのか

低成長の原因を少子化に見る向きもあります。しかし、少子化傾向の国がすべて低成長かと言うとそんなことはありません。ドイツも２０１１年まで人口は減っていましたが、経済は成長していました。となると、やはり人口動態以外の要因、デフレを長期間放置してしまった金融政策や財政政策の失敗の影響のほうが遥かに大きいでしょう。

むしろ、デフレを放置したことで、就職氷河期やロスト・ジェネレーションと呼ばれる世代を作ってしまったことが少子化につながっているので、経済政策の失敗が、少子化の遠因になっていると言えるのではないでしょうか。

インフレ率と関係の深い失業率と自殺者数にも関連があることは、コロナ・ショック以降よく取り上げられています。まさに、長期デフレは人口を減らし、国力を削いでいくのです。

「悪い円安」論は本当か？

リーマン・ショック後の日本は、量的緩和が足りずに異常な円高を招き、産業構造全体が大打撃を受けたわけですが、２０２２年４月現在は、１ドル１２０円台と円安傾向です。

ただ、原油高などが続いており、「悪い円安」論なども言われていますので、ここで為替について触れておきます。

まず、私は、少なくとも現状の日本においては、ある程度は円安のほうが良いと思っています。

国内で代替のしようがない原油などに限れば、もちろん円高のほうが良くなりますが、円高になると海外からその分安くモノやサービスが入ってくるので、競合する国産品が売れにくくなります。日本が海外へ輸出しているモノやサービスも、円高が進むと売れにくくなります。こういうときに円高にしてしまうと、国内で生み出される付加価値が奪われ、経済全体で考えれば良くないと言えます。

今のアメリカのように経済が過熱している状況なら、それを抑えるために自国通貨を高くしたほうがよいわけですが、日本は長らくデフレ、つまり「需要が足りない」状況です。

また、経常収支の側面からも円安が望ましいと言えます。海外から受け取る所得と、日本から海外へ支払う所得のバランスを考えたとき、海外から受け取るより支払う所得が多ければ、当然円高のほうが有利です。しかし、日本の経常収支は黒字、つまり海外から受け取る所得のほうが多いのが一般的です。

貿易収支だけで見れば、現在は原油高によって貿易赤字になっていますが、それ以上に海外への証券投資や、海外進出している企業の直接投資を含めると、日本の経常収支は黒字が一般的です（アメリカの経常収支は赤字が一般的です）。通貨が安めであることが経常収支でいかに有利かは、ユーロ圏に入っているがゆえに自国通貨が割安に保たれてきたドイツの強さにも表れています（第7章参照）。

デフレ日本における、妥当なドル／円相場

つまり、国内需要が旺盛な国は自国通貨が高いほうが良いが、国内需要が弱い国では安いほうが良い。これはマクロ経済学的にも通説です。

ただし、トータルで見ればそのとおりなのですが、当然、産業によって為替の影響は異なります。円安で一番得する産業は自動車産業、一番損するのは電力会社です。要は、「輸出やグローバル展開が多い産業」と、「原料を輸入に頼り、需要は国内に限られる産業」の違いです。

また、海外進出している企業は大企業のほうが多いので、一般的に大企業のほうが

円安の恩恵を受けやすく、中小企業にはダメージが大きくなりがちです。

さらに地域によっても差が出ます。輸出関連産業の盛んな中部地方は円安の恩恵を最も受けやすく、逆にエネルギー消費が多く、食料品メーカーの多い北海道は円安の負担を受けやすいと言えるでしょう。

そのため、円安が進みすぎると、マイナスの部分への負担が大きくなりすぎて経営破綻などを招いてしまうので、行きすぎないバランスが大事になります。

ちなみに、過去に為替介入した時の平均レートを調べると、円買い介入時の平均レートが130円、円売り介入時のレートが100円程度であることからすれば、115円±15円（100円～130円）くらいが妥当との見方が一般的です。

コロナ・ショックにより、円安の恩恵であるインバウンド（訪日旅行客）需要が消滅し、半導体不足による輸出抑制などが起こっているとはいえ、まだ日本にとって、120円台程度の円安はマイナスではないでしょう。

ただし、日本はエネルギーや食料品の輸入依存度が高いので、こうした必需品の値段が上がることによって生活が厳しくなる「スクリューフレーション」という問題は解決しなければなりません。これについては第6章で詳しく説明します。

円安は家計にプラスになる？

ちなみに、内閣府のマクロ計量モデルに基づけば、円安を家計レベルで考えた場合、1年目は家計にとってマイナスですが、2年目からはプラスに働く、との結果になっています。

その理由は、1年目は輸入物価が高くなる影響が先に出るためマイナスになりますが、2年目以降は円安で競争力が高まる恩恵により雇用が増えたり給料が上がったりして、遅れて効果が現れるからです。

ただ、労働分配率と労働市場の流動性が低いせいで給与に還元されにくく、企業は現預金ばかり増やすような後ろ向き経営をしがちであるという日本の問題は、第2、3章で見たとおりです。

このように、マクロ経済政策を間違ったことで長期停滞を生み出したばかりではなく、企業経営にも大きく影響するデフレマインドを常態化させたことを考えると、経済政策の重要性を再認識せざるを得ません。

日本にはびこるデフレマインド

こうしたデフレマインドと貯蓄超過をもたらした原因は、政府とマスメディアによる間違った喧伝にもあるのではないでしょうか。いまや高校の教科書にも「日本の政府債務は危機的状況」と書いてあり、メディアは「過去最大の国債発行額」という報道を止めません。「日本の財政が危ないから」という理由とともに、賃金も上がらないいま消費税増税が続く……。

ここまでの説明で、日本の債務は危機的状況にはないですし、むしろ世界的には債務の増加ペースが緩やかであることがわかったと思います。しかし、教科書や報道で誤った認識を植え付けられたら、将来への不安や増税に備えてお金を貯めておこうと思うのは自然な心理です。

日本にはびこるデフレマインドを象徴的に表しているのが、家計の可処分所得と金融資産を比較したグラフ（図表5－4）です。家計における可処分所得は、アベノミクス以降、少しずつ増えてはいるものの、明確な上昇トレンドとまでは言いにくい状況です。

一方、家計の金融資産は明らかに上昇トレンドにあります。バブル以降伸び悩む賃

図表5-4　家計の可処分所得と金融資産の推移

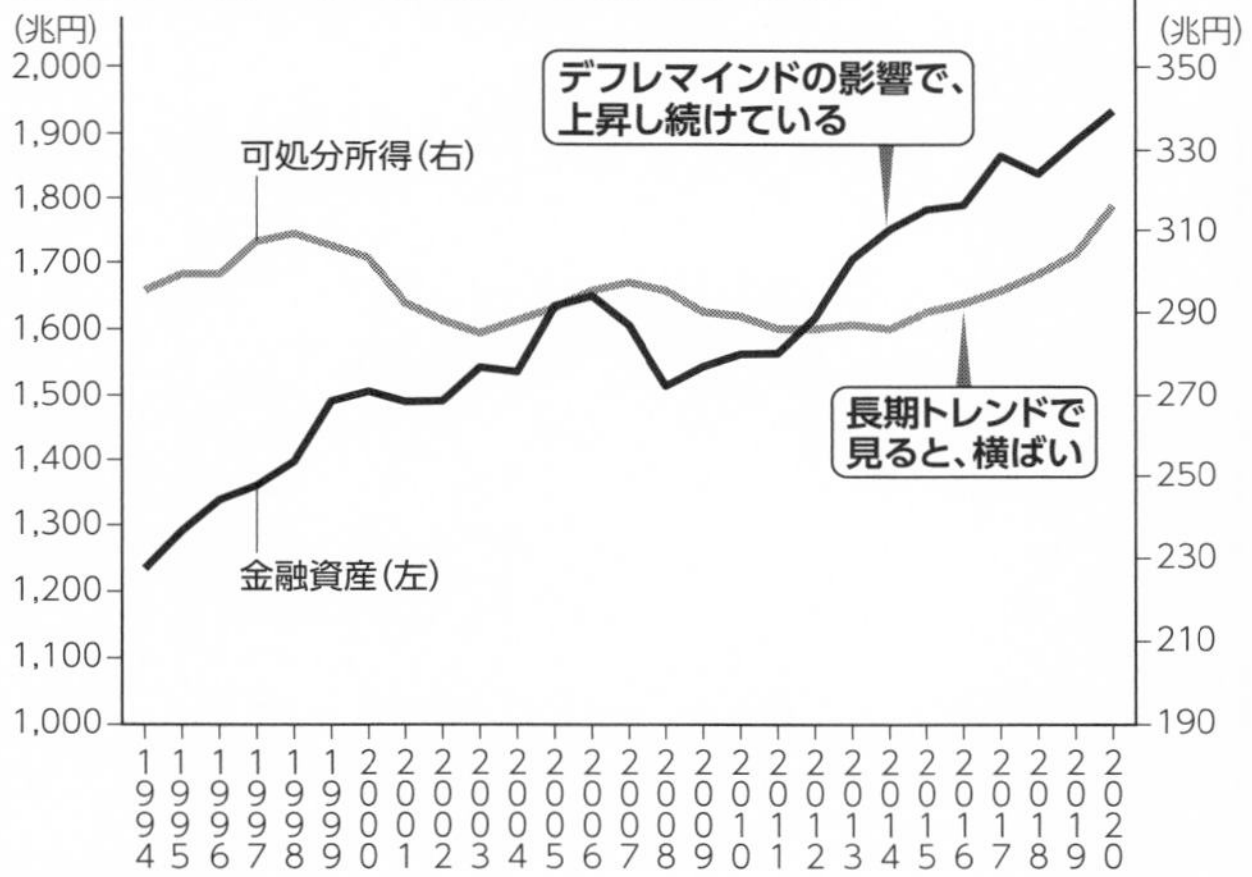

(出所)内閣府

金や物価のグラフと比較すると、こちらは驚くほどの右肩上がりです。それだけ可処分所得を消費ではなく貯蓄・投資に回しているということを表していますが、ここにも日本の特殊性があります。家計における金融資産のなかでも、投資は少なく、圧倒的に現預金が多いことです。

投資するか、貯蓄するか

「レモネードスタンド」は、アメリカの夏休みの風物詩です。子どもたちがレモネードを作って近所の人たちに売る体験を通して、原材料の仕入れから

図表5-5 **家計の金融資産構成**(2021年3月末)

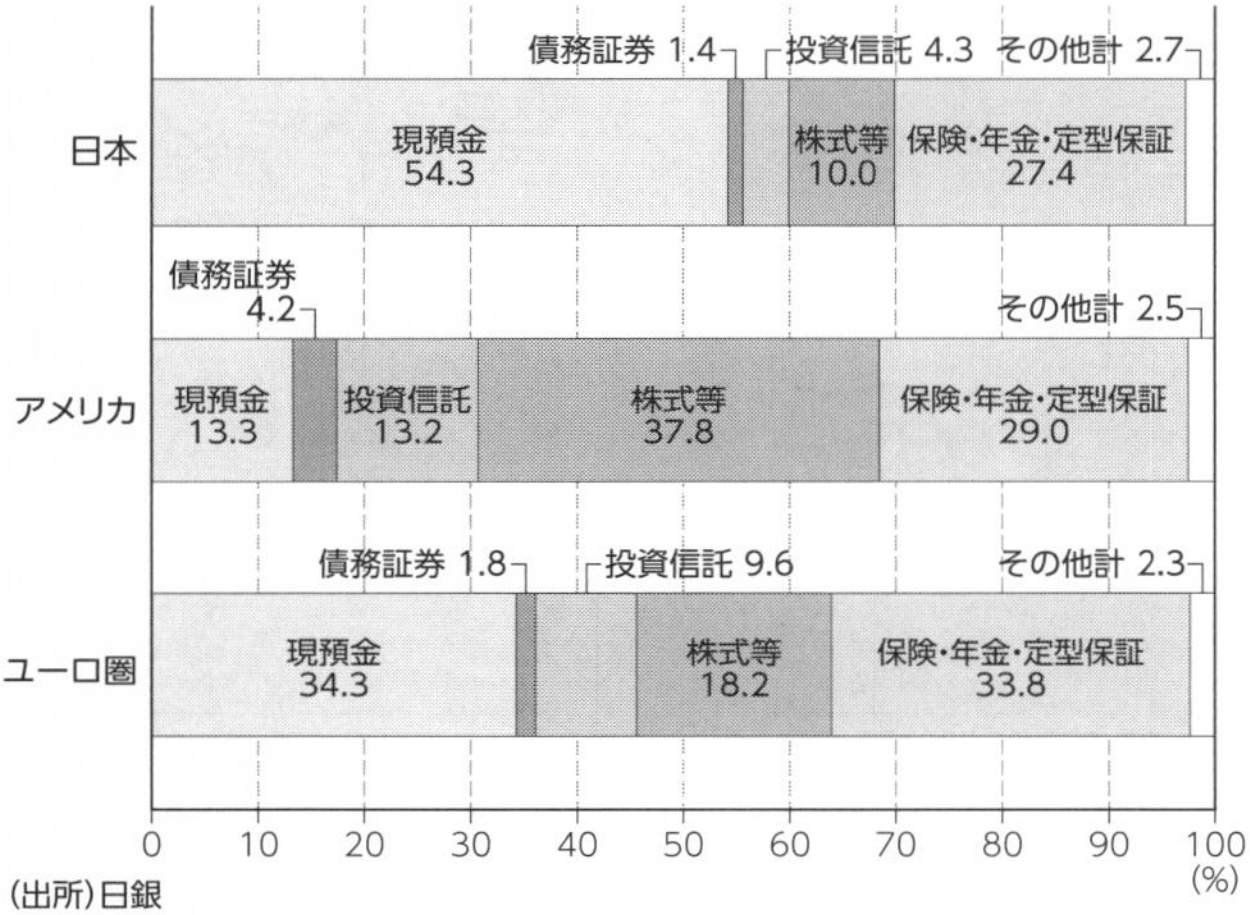

(出所)日銀

販売利益を出すまで、実地にビジネスを学ぶというものです。この一例からもわかるように、アメリカでは経済教育や投資教育を早くから行っており、こうした子ども時代からのバックボーンが、大人になってからのお金の使い方の差となって出るのは仕方ないと言えるかもしれません。

家計の金融資産のうち、株式や投資信託の割合がアメリカでは50%を超えるのに対し、日本ではたったの14%です(図表5－5)。一方、日本では55%近くを占める現預金は、アメリカでは13%程度しかありません。

アメリカの家計のように最低限の現

預金を手元に残し、あとは投資に回す。これをリスクと見るか、当たり前のことと見るかは、現預金を「額面が変わらないから安心」と見るか、「まったく増えない状態のままにしておくのは無駄」と見るか、考え方の違いでしょう。

日本ではいまだに投資をギャンブルと区別しない人が多いですが、ギャンブルのような投資もあれば、インデックスファンドなど比較的リスクが抑えられた投資もあります。将来不安が大きければこそ、「お金にも働いてもらう」ための投資知識を持っておくのは重要なことに思えます。

岸田政権のスタンスに注目

しかし、なぜ財務省は頑《かたく》なに「日本の政府債務は危機的」と言い続けるのでしょうか。ひとつには、増税をして目先の税収を増やしたいのだと考えられます。

ただ、官庁は海外でも多かれ少なかれこうした傾向にあるはずで、官僚から出されたプランや実際の景気動向などを見ながら、トータルで経済政策を判断するのは政治の役割です。

ようやくアベノミクスで日銀人事が官邸主導になり金融政策が進化しましたが、それ以前はずっと緩和的とは言えない金融政策が続いた結果、デフレに突き進んだとも言えます。

安倍・菅義偉政権に比べると、岸田政権はいまのところ官邸主導の感じが弱い印象です。実際どうなのかは、2022年末に増税を決断してしまうかどうかに現れるでしょう。

日銀の人事についても、2023年春に総裁と副総裁2名がおそらく代わりますから、岸田政権がどういう人を置くかは注視すべきポイントです。

アベノミクスでようやく、日本はグローバルスタンダードな金融政策を行い、少なくともデフレではない状況にまで戻しましたが、これが先祖返りしてしまえば再びデフレに陥りかねません。

経済政策の結果が表れるまでには、しばしの辛抱も必要です。現在は、「日本病」から本当に立ち直れるか否かの重大な局面にあると思います。

第6章　スクリューフレーションの脅威——1億総貧困化

締め付けられる中低所得者層

ここまで「日本病」の「4低」症状をさまざまな角度から見てきたことで、日本は一刻も早く、経済を健康な状態に戻さなくてはならないことを認識していただけたかと思います。

本章では、いま世界で猛威を振るっている「スクリューフレーション」の脅威について解説します。

スクリューフレーション（Screwflation）とは、「締め付け」（Screwing）と「物価上昇」（Inflation）を合わせた、10年ほど前にアメリカで作られた造語です。直訳すると「締め付ける物価上昇」ですが、特に「中低所得者層を締め付けるインフレ」のことを指します。

図表6－1に見られるとおり、中低所得者層は支出のなかで生活必需品の割合が高い傾向にあります。そして、新興国の台頭により、生活必需品以外の値段は上がりにくくなった一方で、生活必需品の値段はここ10年ほど世界的に値上がりしています。

新興国の台頭の背景には、東西冷戦の終結があります。1991年にソヴィエト連邦が崩壊し、旧社会主義の国々が続々と市場経済に参入したのを契機に、先進国の企

図表6-1　世帯年収別、消費支出の構成比

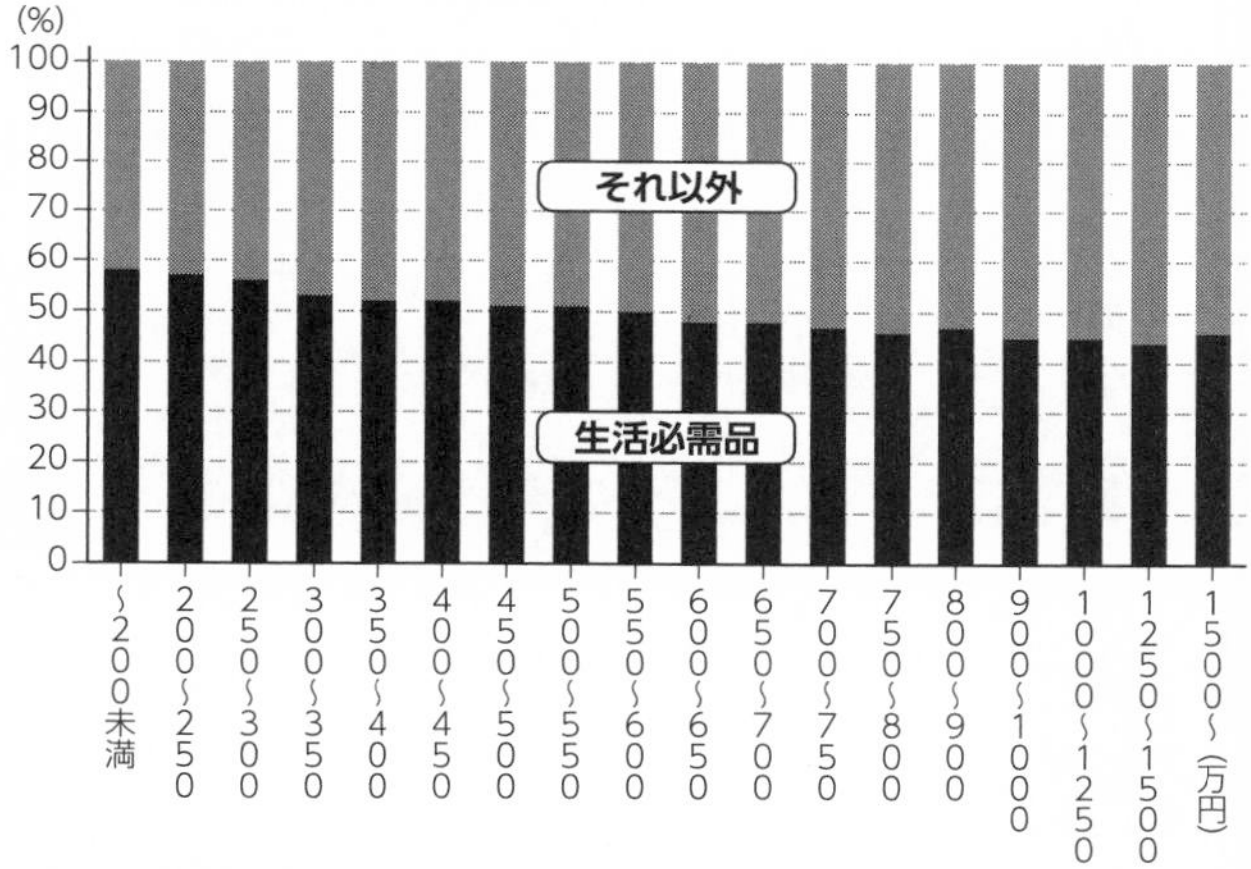

(出所)総務省「2020年家計調査」

業は新興国の安い労働力を求め、こぞってグローバル展開していきました。結果、安い製品が世界中に輸出されることになり、家電やデジタル製品などの値段が下がります。中国が「世界の工場」と言われていた時期です。

一方、新興国にとっては、ずっと貧しかったところに工場が建ち、多くの雇用が生まれ、収入が上がることで暮らし向きが良くなりますから、食料やエネルギーなど生活必需品の需要が高まり、国際的に値段が上がっていきました。

さらに、これら新興諸国が発展し、都市化されるにつれて農地が減ってい

くことに加えて、脱炭素化やロシアによるウクライナ侵攻の影響などにより、今後とも生活必需品の需要が供給を上回る状態が続くだろうと予想されています。

ただ新興国であれば、生活必需品の値段が上がっても経済成長していくのでなんとかなるし、先進国でも高所得者層は支出に占める生活必需品の割合が少ないため影響は小さくて済みます。生活必需品の価格上昇で最もダメージを受けたのは、先進国の中低所得者層でした。

生産拠点が新興国に移ったことで仕事は減っていくのに、生活必需品の物価は上がっていく。自分たちはスクリューフレーションで締め付けられる一方、自国の経済成長の恩恵は富裕層に集中し、彼らはますます富を増やしていく――こうした労働者たちの反発が、イギリスのEU離脱やアメリカのトランプ政権誕生につながっていったのです。

生活必需品の物価上昇の実態

そして、実際にどれだけ生活必需品が値上がりしているのかを示したのが、図表6

図表6-2 生活必需品とそれ以外の消費者物価

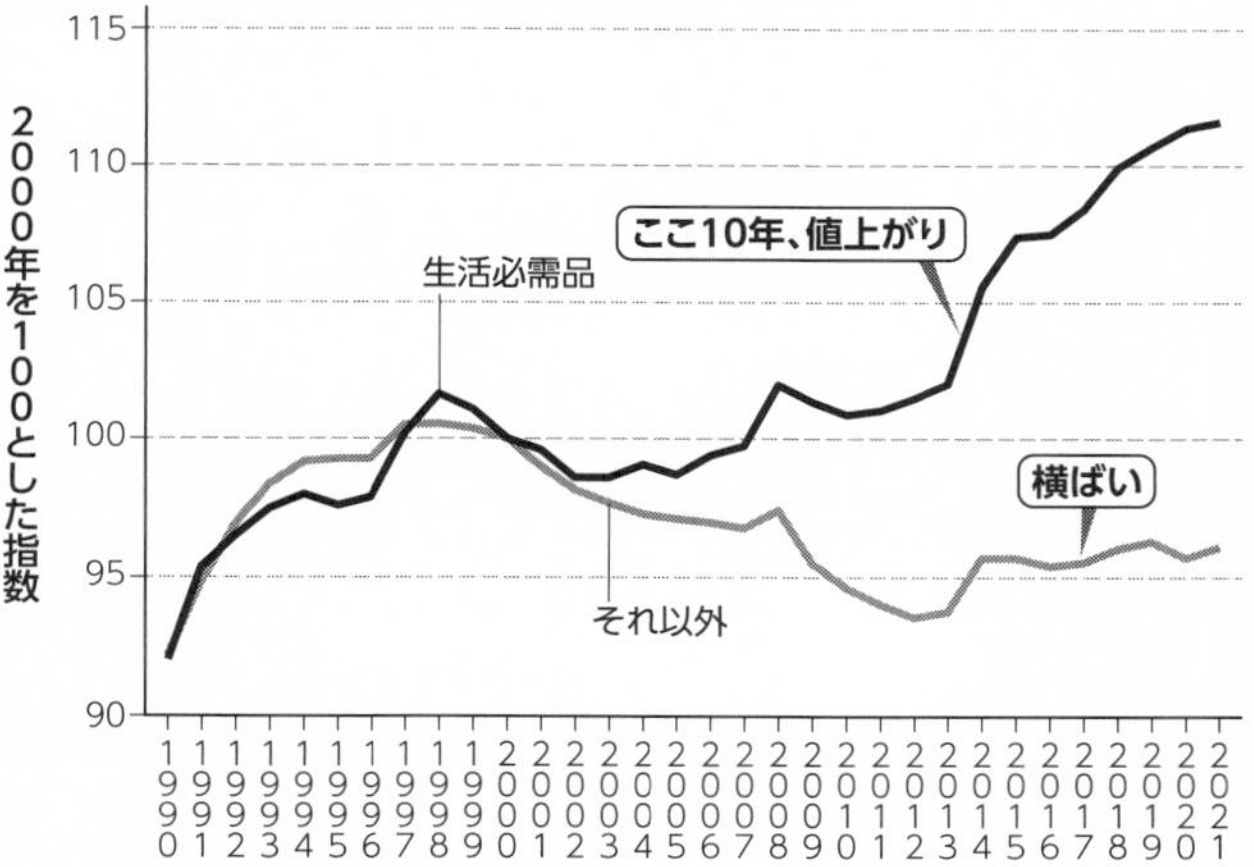

（出所）総務省より第一生命経済研究所作成

−2です。

「生活必需品」とは、文字どおり「生活するうえで欠かせないもの」で、具体的には以下のようなものを指します。

・食料品
・エネルギー（光熱・水道）
・家賃
・被服・履物
・交通
・保健医療

デフレだった日本においても、物価は下がっているのに生活必需品の値段はどんどん上がっていることがわかります。

しかも、それ以外の物価は横ばいなので、その差は年々広がっています。

図表6-3 **企業物価指数の推移**

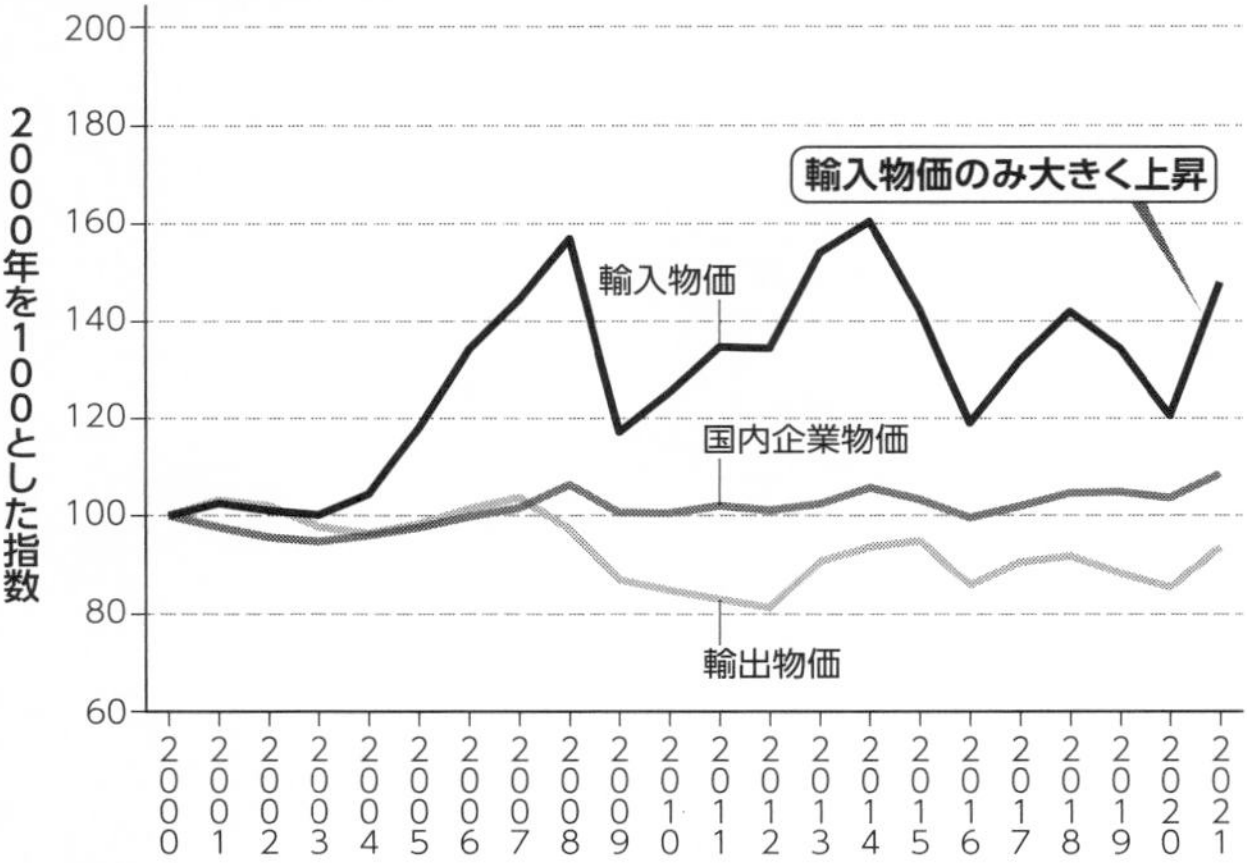

（出所）日銀

食料・エネルギーといった生活必需品を、価格が国際市況で決まる輸入に頼らざるを得ない日本では、全体の物価は上がらないのに食料・エネルギー関連の物価だけは上昇していく。これは「悪いインフレ」です。つまり、スクリューフレーションが直撃している国の一つと言えます。

さらに物価をもう少し詳しく、「企業物価」というモノサシで見てみましょう（図表6－3）。

企業物価指数（CGPI）とは、企業間で取引される商品（モノ）の価格に焦点を当てた物価指数です。これまで見てきた消費者物価指数（CPI）が、消費者が日常的に買うモノやサービスの価格に焦点を当てているのに対し、こちらはより川上の、企業間で取引されるモノの価格を把握することができる指標で、物価変動の動向をより早く見ることができます。

企業物価は「国内企業物価」「輸出物価」「輸入物価」の3つに分けることができますが、この20年の間に「輸入物価」だけが大きく上がっていることがわかります。世界的に食料やエネルギーの価格が上がる状況では、食料やエネルギーの輸入依存度が高い日本では、どうしても生活必需品が値上がりしてしまうのです。

特にエネルギー価格の値上がりは、所得格差だけでなく、地域格差も広げていきます。第5章では円安の影響による産業面の地域格差を指摘しましたが、家計においても同様です。地方では都市部に比べて自動車移動が多くなるため、支出に占めるガソリン代の割合が高いからです。また、冬場の気温が低い地域では、暖房のために多くの燃料を使うので、相対的に負担が大きくなります。

なお、「輸出物価」が下がっているのは、新興国との価格競争に競り負けないよう、輸出品の値段を調整してきた影響もあると考えられます。

スタグフレーションとスクリューフレーション

ちなみに、似た言葉に「スタグフレーション（Stagflation）」というのがあります。景気後退とインフレが同時進行する現象のことで、景気停滞を意味する「スタグネーション（Stagnation）」と物価上昇の「インフレーション（Inflation）」を組み合わせた造語です。

景気が悪化すると需要が落ち込むのでふつうはデフレを伴いますが、原油価格や原材料の高騰などで不景気とインフレが共存することがあります。これが、スタグフレーションです。

一方、スクリューフレーションは、景気の良し悪しに関係なく、中低所得者層がより締め付けられている現象を指します。まさにアメリカが典型ですが、国レベルでは景気が良いにもかかわらず、再分配がうまく行われないうえ、生活必需品が値上がりすることで、中低所得者層が苦しい思いをしています。目下、これが、先進国内の格差拡大に拍車をかけています。

しかし、現在の日本は、他の先進国とはまた違った様相を呈しています。どういうことか、見ていきましょう。

なお、日本が典型的なスタグフレーションにあったのは、1970年代のオイルショック（石油危機）後のことです。トイレットペーパーの買い占めが起きたことなどで有名ですが、1974年には消費者物価指数が23％も上昇したことが記録されています。そして、「狂乱物価」と言われるほど経済は混乱しました。

日本におけるスクリューフレーションの実態

ここまで、スクリューフレーションは「中低所得者層への締め付け」と説明してきました。事実、欧米ではスクリューフレーションによって、中低所得者層がますます貧しくなる一方、富裕層は豊かになり、格差が広がっている国もあります。

対して日本の場合は、「みんなが貧しくなっている」ことが家計調査を見るとわかります（図表6－4）。

二人以上の世帯を年収階層別に区分けし、区分けの最下位である「年収200万円未満」と、最上位である「年収1500万円以上」が、それぞれ全体の何％を占めるかを表したのがこのグラフです。

図表6-4　日本の世帯年収の割合

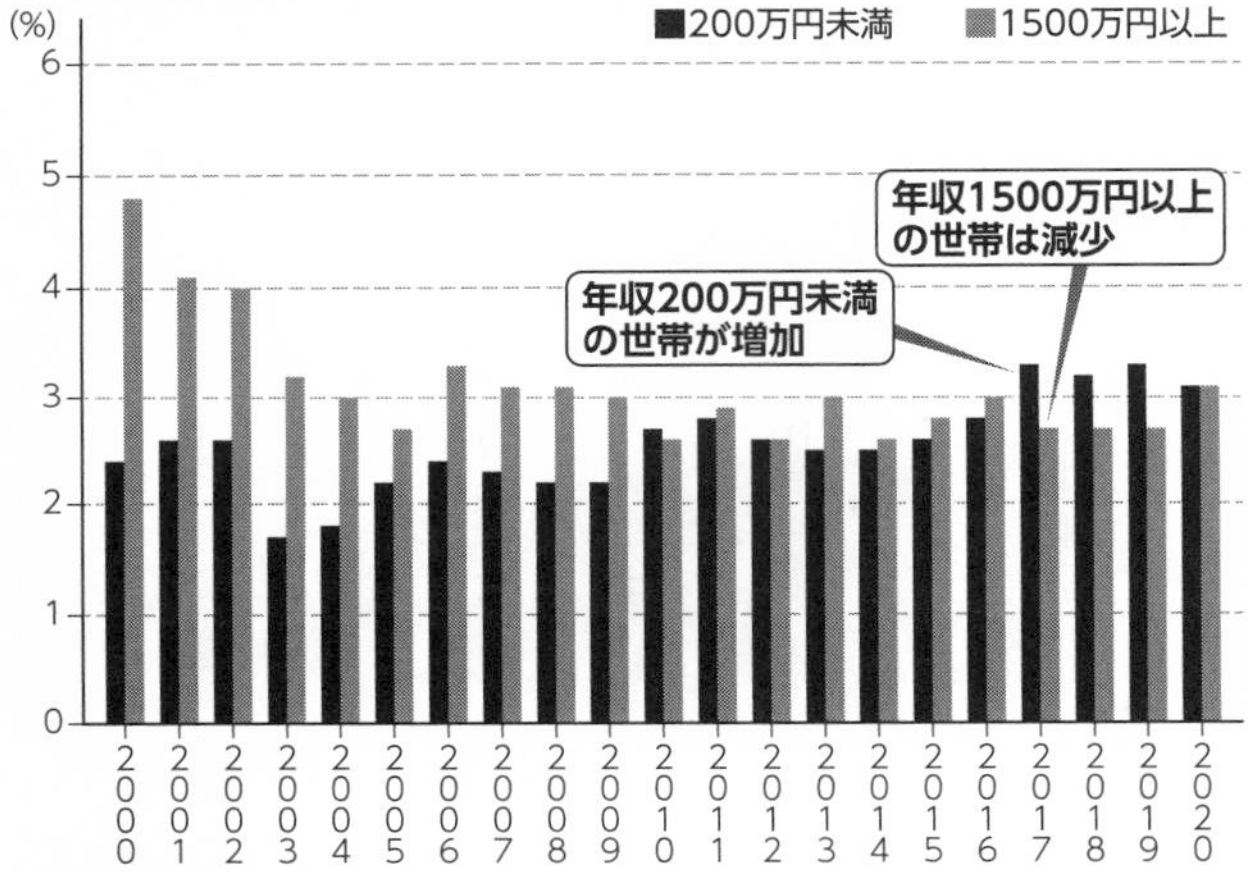

（出所）総務省「家計調査」

たしかに、「年収２００万円未満」の世帯の割合は増加傾向にあります。しかし同時に、日本では「年収１５００万円以上」の世帯の割合が減っているのです。

海外では貧しい人はより貧しく、裕福な人はより裕福になることで格差が広がっていたわけですが、日本の場合はみんなが貧しくなっている。つまり日本は「格差社会」ではなく、「総貧困化」に向かっているわけです。

なぜこんなことになっているかと言えば、日本が経済成長していないからです。海外で所得格差が広がっているのは、新しい産業や経済成長の恩恵がうまく分配されず、富裕層に富が集まりやすくなってしまうためです。だからこそ、生活必需品の値段が上がるスクリューフレーションは「中低所得者層への締め付け」と言われます。

しかし日本では、大きな富を生み出す新しい産業が生まれるわけでもなく、長期停滞で賃金も上がらず、「みんなが締め付けられている」状態です。

日本は格差社会ではない？

昨今、日本では「アベノミクスによって格差が広がっている」と言われており、2021年の衆議院選挙でも「格差是正」が争点の一つとなっていました。しかしデータで見ると、そんなことはありません。

図表6-4では、高所得者層と低所得者層の割合から、日本では格差が広がっているのではなく、みんなが貧しくなっているのだということを示しました。今度は、所得分配の平等・不平等を表す「ジニ係数」を使って、所得データを検討してみましょう（図表6-5）。

図表6-5 **当初所得と再分配所得のジニ係数**

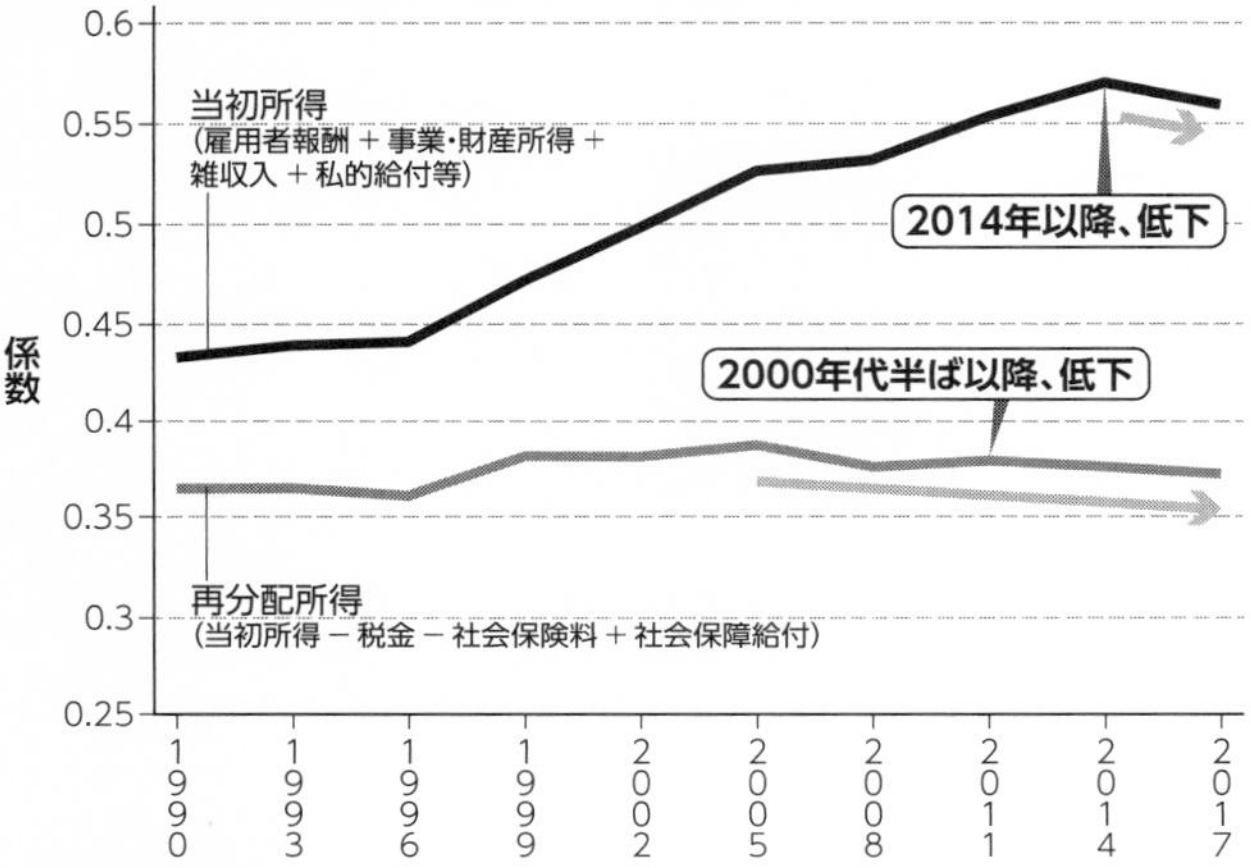

(出所)厚生労働省

ジニ係数では、所得が均一で格差がない状態を0、一人がすべての所得を独占している状態を1として、「不平等度」を0～1の間の値で表します。値が0に近いほど「平等」、1に近いほど「不平等」ということになります。

まず「当初所得」を見てください。当初所得とは、雇用者報酬に財産所得など資産運用での所得なども加えたものです。そして、アベノミクスの中心的な時期であった2014年～2017年にかけて、それまで上がり続けていた当初所得のジニ係数が下がっていることがわかります。値としては依然高いものの、これはアベノミクスで格差が縮小したことを意味します。

なぜ格差が縮小したかについては、明確な理由があります。女性や高齢者などを中心に、雇用者数が５００万人以上も増えたからです。つまり、それまで給与所得がゼロだった人たちが５００万人も給与をもらえるようになったので、その分、格差が是正されたと考えられるのです。アベノミクスの最大の成果は、金融政策の是正により、それまでの異常な「円高・株安」が是正され、海外株と日本株の値動きが連動するようになったことですが、このことも、非常に大きな成果であったと言えます。

次に「再分配所得」のほうを見てみましょう。再分配所得とは、当初所得から税金や社会保険料を差し引き、年金などの社会保障給付を加えたものです。

そして、再分配所得のジニ係数は、２０００年代半ばを境に下がっており、これは再分配がうまくいっていることを表しています。どこの国でも高齢者世帯ほど格差が広がりやすい傾向にあるのですが、日本は年金などの社会保障制度がかなりしっかりしているので、高齢者世帯の格差拡大が抑えられていることが要因です。

非正規労働者の増加は本当に悪いことか？

第2章で述べたとおり、日本の非正規雇用者のうち「正社員になりたいけれど、なれない」という人は全体の1割強しかいません。多くは好んで非正規を選んでいます。もちろん、正社員になると拘束が多すぎて、「希望したくてもできない」という実態が背後にあるのは、日本社会の大きな課題です。とはいえ、経済政策の最大の目的は雇用を増やすことですから、雇用条件が合わずに市場からあふれていた「毎日8時間、週5日は働けないけれども労働意欲はある」タイプの労働力を、労働市場に参加させたことは意味のあることでしょう。

第1章の図表1-3の実質賃金グラフを改めて見てみると、2013年〜2015年頃、アベノミクス下で日本の賃金が下がっています。これは、それまで働いていなかった人が働き始めたこととの影響です。誰でも最初は低賃金から始まり、その後何年かかけてスキルを身に付けて昇給していくので、新規の労働力が大量に入ったときは、平均賃金はいったん下がるのが当然なのです。

つまり、「平均賃金＝事業所が支払った賃金の総額÷事業所の従業員数」なので、分母に安い賃金の従業員数が増えれば、平均値は下がるからです。これをもう少し続けていたらよかったのですが、消費税増税により効果が打ち消されてしまい、もったいないことをしました。

逆に、２０１０年〜２０１１年、民主党政権下で実質賃金が上がっているのですが、実はこのときは景気悪化により低賃金の人たちが多く解雇されたことで、今度は逆に平均賃金が押し上げられたのです。さらに景気悪化の影響で物価が下がったことも手伝い、「名目賃金÷消費者物価」である実質賃金が上がったに過ぎません。

経済政策の最大の目的は「雇用の最大化」です。マクロ経済学的な視点で見れば、実際の雇用が増えているほうが、経済政策としては断然良いと言えます。

第７章　下り坂ニッポンを上り坂に変えるには？

今の日本における財政政策の重要性とは？

ここまで見てきたように、インフレ目標2％を達成するためには、需要を増やしGDPギャップを需要超過にもっていくような金融・財政政策を積極的に行うことが不可欠です（第4章／図表4－4）。

特に日本の場合は、貯蓄超過により中立金利が大幅にマイナスに落ちこんでおり、中立金利以上に政策金利を下げることが難しい「流動性の罠」に陥っていますので、金融政策だけでは立ち行きません。

となると、海外の主流派経済学者たちが口を揃えて言うように、財政政策によって景気を引っ張り上げることが必要です。

その効果は、現状ではまだまだ足りていません。少なくともインフレ率が安定的に2％を上回る程度には、政府債務残高（＝民間の資産）を積極的に増やして効果的な財政政策を実行する必要があります（第4章／図表4－2）。

インフレ目標の範囲内であれば、政府債務残高の増加を許容できることは、本書で見てきたとおりです。ただ、「財政政策はできるだけ控えるべき」という意見は非常に根強くあります。しかし、下り坂の日本を上り坂に変えるためには最も重要なので、ここで改めて今の日本における財政政策を考えてみましょう。

政府債務を増やすことに対してよく言われるのが、「将来世代にツケを残すな」というフレーズです。しかし、それは本当に「ツケ」なのかと言えば、むしろ「将来世代の資産」でもあったことは、第4章で述べました。バランスシート上では、債務と資産はバランスするため、国内で使われた政府債務の裏には必ず民間資産があるからです。

政府債務残高とは、ほぼ国債残高のことです。日本国債は9割程度が国内で消化されています。そして、国債の裏には「債権」＝資産があります。つまり、日本国債で調達された資金が国内で使われれば、その分は民間資産の増加につながるということになります。

言い換えると、「政府債務のツケを残す」ということは、「将来世代に民間資産を残している」ことにもなるわけです。

日本では、今、一般政府の純債務が700兆円くらい、民間の純金融資産が1200兆円近くあります（図表7－1）。この二つが並行して伸びているということは、一般政府の純債務が増えるにつれて、民間部門の純金融資産も増えているということを意

図表7-1 政府純債務と民間純金融資産

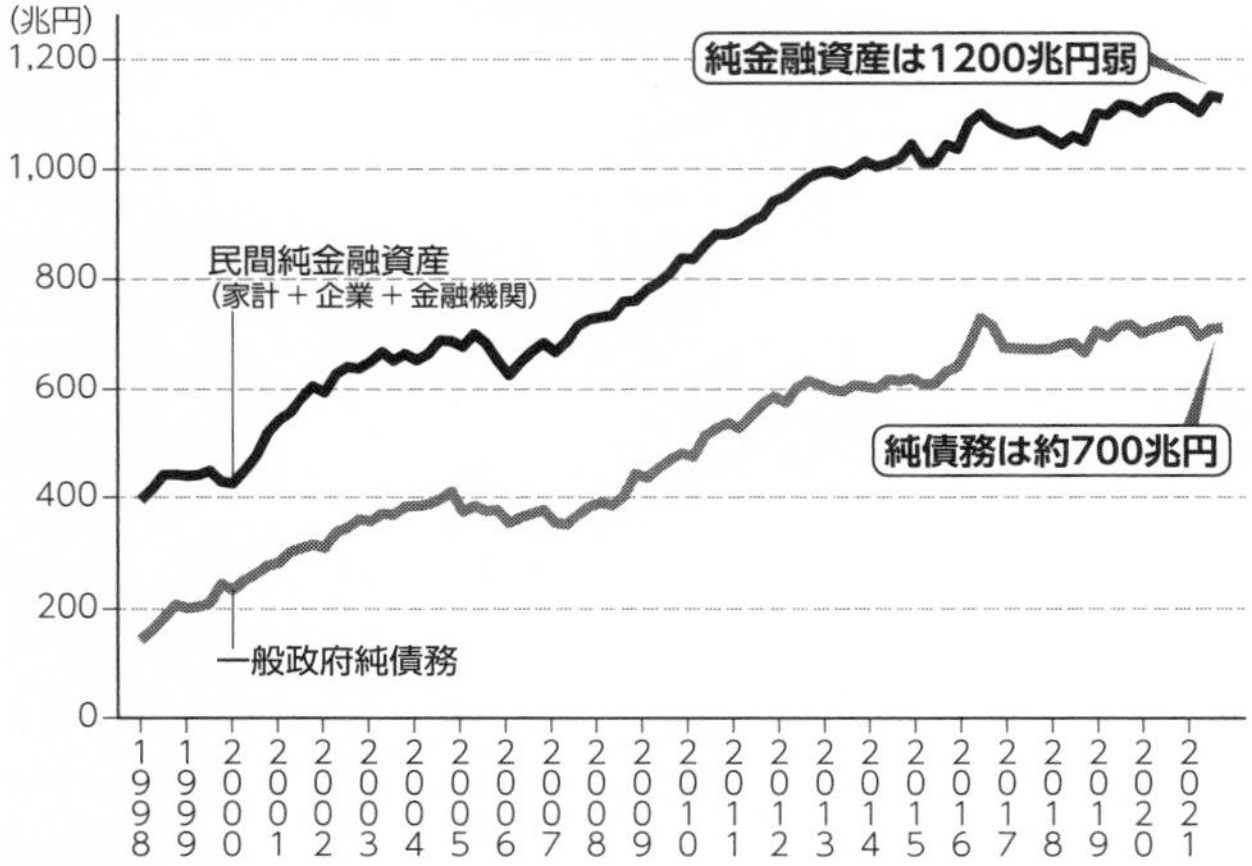

(出所)日銀

味しています。そして、このグラフの民間純金融資産から一般政府の純債務を引いた分の「純資産」約５００兆円が、将来世代に残るのです。

なお、ギリシャなど、デフォルト（債務不履行。国が債務を返済できなくなること）を起こした国と並べて日本の債務を心配する向きがありますが、国債が国内で消化されていることに加え、世界最大の対外純資産国であること、世界で有数の外貨準備保有国であり経常黒字国であることから、ギリシャとはまったく条件が異なります。

図表7-2　G7諸国における財政の拡張度合いと経済規模の拡大

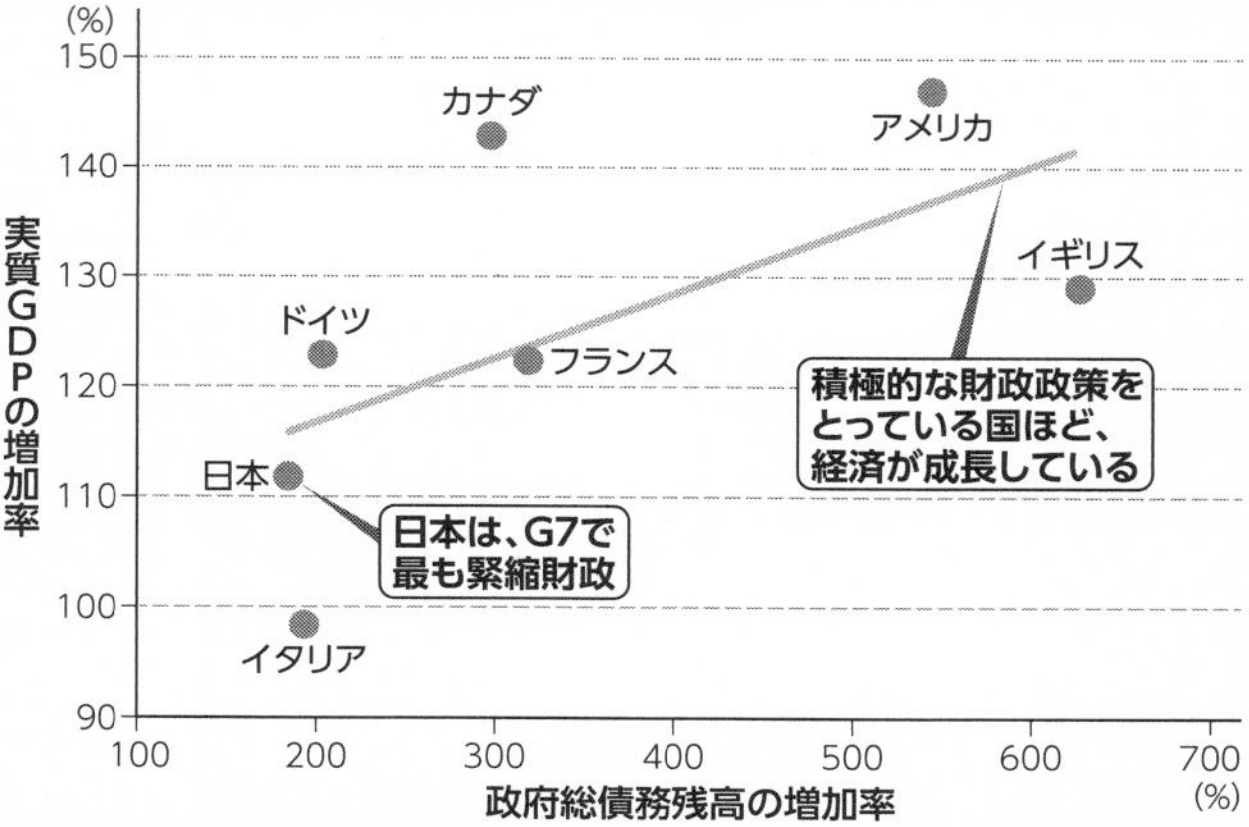

（注）政府総債務残高の増加率、実質GDPの増加率とも、2001年に対する2021年の割合
（出所）IMFデータを基に筆者作成

政府債務残高と成長率は比例する

第4章では、日本がいかに財政出動が少ないか＝政府債務残高の伸びが少ないかを見ました（図表4－2）。では、「財政出動をどれだけ行ったか」と「経済成長」は、どのくらい関係しているのかを見てみましょう。

それを示したのが図表7－2です。横軸は「2001年を100としたとき、2021年の政府債務残高は何倍になったか」、縦軸は「2001年を100としたとき、2021年の実質GDPは何倍になったか」を表します。

これを見ると、明確な正の相関関係

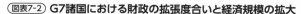

があることがわかります。イギリスはこの20年間で政府債務を6倍以上に増やし、GDPを3割近く伸ばしています。日本は政府債務を1・8倍程度にしか増やしておらず、GDPも1割程度しか伸びていません。ここには、積極的な財政出動の重要性がはっきりと示されています。

ユーロ圏の特殊な事情

ただ、ドイツとイタリアは政府債務の増加ペースは似ているのに、成長率がまったく違います。なぜでしょうか。これは、ユーロ圏の特殊な事情によるものです。

ユーロ圏では、財政は各国独立ながら、金融政策と通貨(ユーロ)を統一しています。経済力が違う国々が、一つの通貨価値で同じ金融政策を行うことになりますから、その国の実質的な通貨価値との間に、どうしてもギャップが生じてしまうことになります。

具体的には、ユーロ圏で最も経済力が強いドイツの場合には、自国の経済力に対して通貨ユーロは常に割安になります。これがドイツ・マルクであれば、もっと高くなっているはずでした。自国通貨が割安な国は成長しやすいのです。

逆にイタリアの場合、自国の経済力に対して、どうしても通貨ユーロが割高になってしまいます。イタリア・リラであればもっと安かったはずで、そのほうがイタリアの経済は成長していたでしょう。

ドイツは世界第2位の経常黒字国ですが、なぜユーロ圏でこれだけ突出して経常黒字を保っていられるかと言えば、経済力の弱い国と通貨を統合させることで、自国通貨を割安にできているからです。一方で、ドイツはユーロ圏の経済弱者国にかなりの緊縮財政を強いてきました。もはやEUはドイツのためにあると言っても過言ではないほど、ドイツはおいしいところを持っていっているのです。

逆に、ドイツに緊縮財政を強いられて苦しんできた筆頭がイタリアです。これによって公的サービスが減り、医療費が削減されて病床が減っていたところにコロナ禍が来たことで大打撃を受けました。

これまで財政危機に陥った国は、すべて経常赤字＝投資超過の国です。なぜなら、国内でお金が足りずに海外からお金を借りるので、国債は国内で消化しきれないことから対外債務が拡大し、金利が不安定になってしまうからです。そのため、財政危機に陥りやすいのです。EUにおいては、欧州債務危機のときPIIGS諸国と呼ばれた、ポルトガル、アイルランド、イタリア、ギリシャ、スペインという国々がこれにあたります。

MMT vs. 海外の主流派

ところで、2019年頃から、現代貨幣理論（Modern Monetary Theory＝MMT）という言葉を耳にすることが増えました。その内容は、一般的には、「自国通貨を発行できる国は、自国通貨建てで国債を発行していれば、過度なインフレが起こらない限り、財政赤字が大きくなってもデフォルトすることはない」と理解されています。この理論においても、日本の長期不況が事例として取り上げられているということで、日本でも非常に関心を集めています。

MMTの提唱者の一人、ニューヨーク州立大学教授のステファニー・ケルトン氏は日本経済新聞（2019年4月13日付）の取材に、「日本が『失われた20年』と言われるのは、インフレを極端に恐れたからだ」として、日本がデフレ脱却を確実にするには、財政支出の拡大が必要と語っています。

これは、本書でさんざん必要性を力説してきた、金融政策と財政政策の連携に非常に似ているように見えます。流動性の罠に陥っているような深刻なデフレに対しては、金融政策と財政政策を大規模に行う必要がある。そのためには、マネタリーベースを増やす量的緩和は躊躇せず行うべきだ。――実際、ここまではそのとおりです。

しかし、ハーバード大学教授のケネス・ロゴフ氏は「MMTは経済理論とすら呼べない」と酷評し、また、FRB議長のジェローム・パウエル氏、元財務長官のローレンス・サマーズ氏といった主流派経済学者もこぞってMMTを「異端の経済理論」としています。どこが違うのでしょうか？

MMTは、第一義的には金融政策の有効性は低く、財政政策への依存度を高める必要があるとしています。つまり、財政政策主導で経済を安定させられる、と主張していることが、両者を決定的に分かつところです。

これは、海外の主流派経済学が、財政出動主導を推し進めるのは中立金利が下がりすぎていて金融政策の効果が出にくい「流動性の罠」を抜け出すまで、と限定を付けて考えているのに対して、MMTでは、金利は自然に決まるものであり財政政策主導で経済の安定は実現できる、としている。ここが最大の違いです。このあたりが、特にＭＭＴが異端視されるゆえんでしょう。

海外の主流派は、働きたい人が皆働けている（完全雇用下の）景気が良いときに政府が大量の国債を発行すると、金利が上昇し、民間の資金需要が抑圧される「クラウディング・アウト（Crowding out）」を招くと考えます（ＭＭＴではクラウディング・アウトは起きないとする）。このため、主流派経済学者は、不況のときに限って積極的な財政出動や減税を主張するのです。

分配政策のメリットとデメリット

最後に、これからの日本経済を左右することになる岸田政権の経済政策について、ここでは特に「分配政策」について考えてみましょう。

日本株離れすら起きた民主党政権においての「分配」は、「もはや日本で経済成長は見込めない」という前提のもと、相対的に富裕層から貧困層へお金を流そうとする分配でした。しかし、今の日本のようなデフレ下においては、とりわけ「成長で自然に増えた税収を正しく振り分ける」というものにするべきです。経済の成長＝景気の回復を諦めてしまうと、結局、富裕層も貧困層も先細りになるしかないからです。

分配とは耳に心地いい言葉ですが、毒にも薬にもなりえます。岸田政権の言う「分配」はどちらでしょうか。

分配政策がもたらすメリットとは、経済が成長することによって新たに増えた税収を、意図的に低所得者層に分配することで底辺を底上げすること。デメリットは、経済のパイが拡大しない中で、経済を牽引するような高所得者層の所得を低所得者側に分配することで、そもそもの経済成長すら止めてしまうことです。つまり経済が拡大しないことには、分配政策を正しく行うことはできません。

岸田首相は、自民党総裁選の時から「金融所得課税」の見直しを提案しています。金融所得とは、預金、株、投資信託などの金融商品への投資で得た所得のことで、利子、配当金、株式譲渡益などが、これにあたります。

現状、金融所得への課税は、金額によらず一律20・315％です。対して給与所得などについては、最高税率55・315％の累進課税です（ともに住民税・復興特別所得税を含む）。

富裕層ほど所得に占める金融所得の割合が高くなるのに、金融所得を他の所得とは切り離して課税する「申告分離課税」が採用されており、しかも一律約20%。そのため、おおむね所得1億円を境にして、所得税の負担率がむしろ下がること（いわゆる「1億円の壁」）を岸田首相は指摘していました。これに対する問題意識からの見直し提案です。

首相は「『成長と分配』の好循環を実現する」と強調してはいますが、しかし、金融所得税率を一律に引き上げたりすれば、貯蓄から投資への流れに冷や水を浴びせることになり、これだけでは全体のパイを増やす政策とは言えないでしょう。

消費税増税は必要か？

大きく見れば、消費税増税も社会保障の財源とすることを目的としている点では、分配政策的な意味合いがあります。就労者数が少ないことから「所得税」では税収を取りにくい高齢者からも徴収することで、「支えられる側」と「支える側」をもっと流動的にする策でもあります。

ただし、他方で中低所得者層への締め付け、すなわちスクリューフレーションにもなり得ます。なぜなら、中低所得者ほど収入に対して消費の割合が大きくなるため、同じ税率でも相対的に高所得者よりも負担率が高くなるからです。この意味でも、消費税増税は経済が過熱しているときにのみやるべき経済政策であることがわかります。

１９８９年に３％の消費税が導入されて以来、３回の増税が行われました。これまで見てきたとおり、３度の増税はいずれもデフレ下の失策だったわけですが、導入時だけはそこまで景気は悪くなりませんでした。

第３章の図表３-６は、家計消費と消費税率アップの関係を見たもので、縦の太い線が消費税の導入と増税のタイミングです。最初の１９８９年はバブル経済で好景気だったので、消費税導入の影響はほとんど見られませんでした。このときは物品税の廃止もあったので相殺された部分はあるにせよ、こうした好景気時に増税し、社会保障を手厚くしていくことこそ良き分配政策です。逆に、１９９７年、２０１４年、２０１９年の増税では、明らかに長期的に負の影響を与えてしまっています。経済を人の体に例えれば、増税は筋トレのようなものですから、健康なときにやってこそ成果が出るものなのです。

日本がハイパーインフレにならない理由

では、社会保障費の不足分についてはどうすればよいかと言えば、インフレ目標の範囲内では国債発行でまかなえばよいでしょう。むしろ、金融政策と財政政策を連携して積極的に行えば、コロナ・ショック以降のアメリカのように経済は過熱してきますから、そういう状況になった後で、金融政策の正常化や増税をしたらよいのです。

こう言うと必ず、ハイパーインフレの懸念が示されますが、そんな心配が不要なことはアメリカやイギリスを見ればわかります。アメリカもイギリスもリーマン・ショックやコロナ・ショック後に大規模な財政出動を行いましたが、ハイパーインフレにはなっていません。金融政策や財政政策を引き締めてインフレ率を落ち着かせれば済むレベルです。

ハイパーインフレとは、ひと言で言えば、お金の価値が暴落することです。しかし、日本でこれが起こることは考えにくいです。なぜなら日本は世界最大の「対外純資産国」で、海外に356兆円以上の純資産を持っているからです（2020年時点）。

それだけ「海外から国内に投資されていない」ことも意味するので手放しで喜べる

わけではありませんが、ことハイパーインフレに関しては盤石です。

日本は世界最大の「対外純資産国」であり、中国に次ぐ世界第2位の「外貨準備保有国」であり、中国、ドイツに次ぐ世界第3位の「経常黒字国」です。こういう国ではまずハイパーインフレは起こりえないでしょう。

改めて、日本は成長できるのか？

経済学において、長期的な経済成長は、次の3つで決まると言われています。

①労働投入量（労働力人口×潜在労働時間）
②資本投入量（資本ストック）
③全要素生産性

ドイツが人口減少局面でも経済成長を続けられたのは、「労働投入量」がマイナスでも、「資本投入量」と「全要素生産性」がプラスに働いたからです（厳密には、先に述べたようなEUの特殊な事情も絡みますが）。

「資本投入量」とは、資本ストックのことです。通常の国ではISバランス（第3章参

図表7-3 日本の潜在成長率

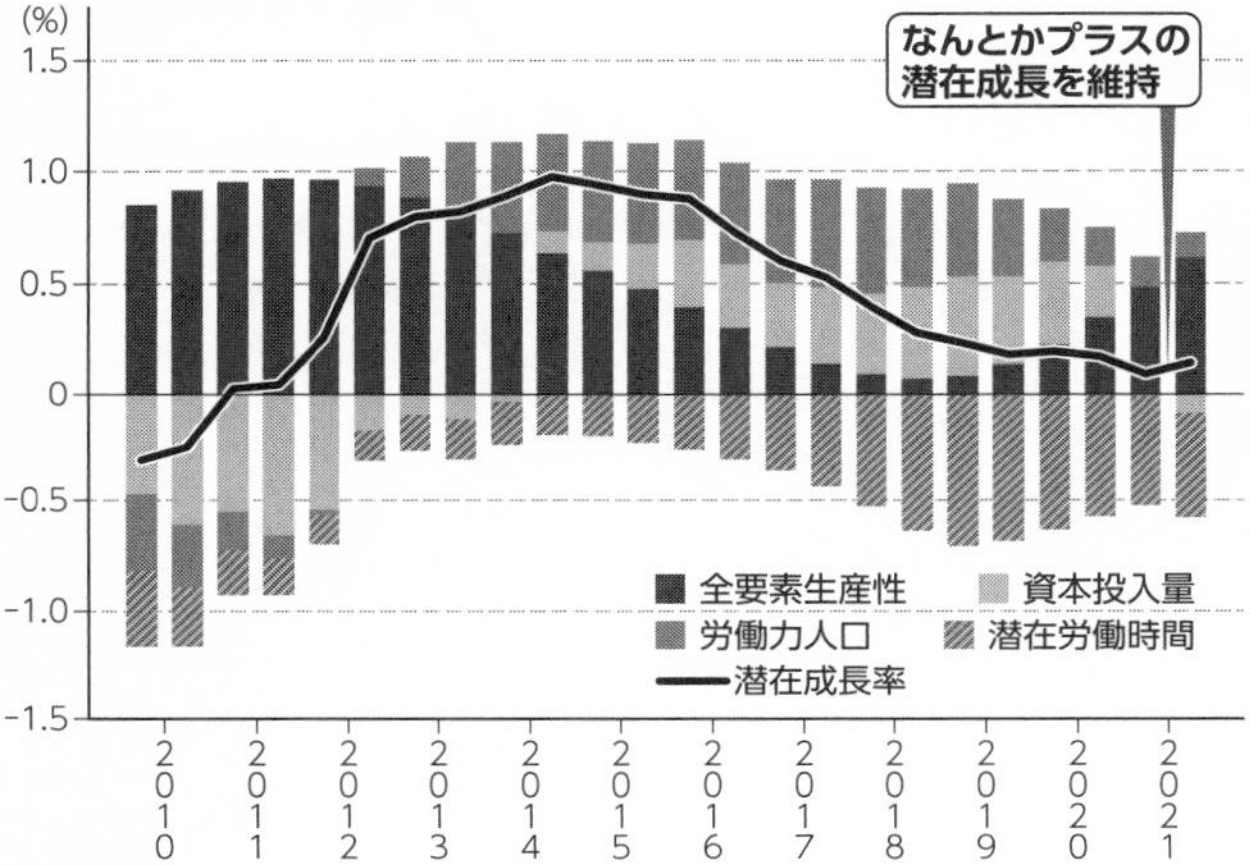

（出所）日銀

照）において企業は投資超過になっていますから、設備投資した分の蓄積が増えていきます。「全要素生産性」については、資本だけでなく労働の生産性が上がることも含みます。

日銀が推計する潜在成長率（図表7－3）によれば、「労働投入量」は潜在労働時間が減ることで、マイナスの一因になっています。「資本投入量」もＩＳバランスが貯蓄超過になるほど設備投資ができていないのでマイナスの原因に転じています。こうした潜在投入量のマイナスを、「全要素生産性」の加速でなんとかカバーし、プラスの潜在成長を維持しています。このままでは、長期的に経済成長を続けることは厳しそうです。

お先真っ暗な気持ちになるかもしれませんが、世界広しといえど、先進国でこんなに長きにわたって成長していない国は日本だけです。そして、本書では成長しない理由も見てきました。

裏を返せば、日本も正しい経済政策を行っていたら、バブル崩壊からデフレに陥らずにもっと成長していたはずですし、今後もやり方次第で経済を正常化できる可能性があります。

日本がバブル崩壊から20年目にして、ようやくデフレ脱却への歩を進めつつあったのはアベノミクスの成果です。ただ、まだインフレ目標の2%には届いていないですし、家計も企業も過剰貯蓄のままです。目下のコロナ・ショックやロシアによるウクライナ侵攻などの影響もあり、「日本病」は完治から遠ざかっています。ここで岸田政権が「日本病」とどう向き合うかで、今後10年、20年の日本の未来が決まる重要な局面にいると言えるでしょう。

しかしながら、岸田首相の政権公約や発言で、特に不安な点がいくつかあります。

①企業業績四半期開示の見直し

②自社株買いのガイドライン見直し
③株主資本主義の是正

四半期決算が出ず、自社株も自由に買うことができないとなれば、外国人投資家（そして日本人投資家も）は一気に株を手放しかねません。そうしてまた日本株が暴落し、景気がさらに悪くなってしまったら、最も困るのは私たち日本人です。

「株主資本主義の是正」についても、そもそも日本企業は海外と比較して株主資本の利益率が低く、「株主資本主義の恩恵」すら受けられていない状況です。それを諸外国並みに受けられるよう金融政策と財政政策をもっと推し進めなければならないというときに、いったい何を是正するのでしょうか。

こうした発言の背景には、日本に根強い「お金儲けは悪」という精神があることを感じずにはいられません。投資もビジネスも、放置して勝手に儲かるようなものばかりではありません。金銭的にも精神的にもリスクを取らなければできませんし、マーケットから世界情勢まで含めたウォッチももちろん必要です。

私は、ビジネスの根底は、リスクを取って事業にチャレンジすることだと思っています。そうしてたくさんの失敗の中から新しいモノやサービスが生み出され、人間の生活が豊かになってきました。しかし、その根底を否定するような考え方が残念ながら日本には根強くあり、岸田首相もそうした考えに近いように見えなくもありません。

「トランポリン型社会」と「世界を目指す個人」で日本は変わる？

第2章で、日本で給料が上がらない理由の一つとして、企業が正社員を解雇しにくいという日本的雇用慣行により、労働市場が流動化しにくいことを挙げました。そして、これを改善するためには、企業が正社員を解雇しやすくすると同時に、公的な職業訓練を充実させることで、リストラされてもより良い条件で社会復帰できるような「トランポリン型」の仕組みをつくるのが重要であると述べました。こうして労働市場の流動性を上げてゆき、金融政策と財政政策をしっかり行ってデフレ脱却と経済成長を目指しつつ、日本は今、「グローバル時代に合わせた成長のあり方」をきちんと考えるべき時期に来ていると思います。

つまり「いかに海外の富を獲得するか」ということに、より積極的に動いていくような思考に変えていくことです。少なくとも、投資の世界ではすでにそうした流れになっています。

これにもっと早い段階で危機感を持ち、国家レベルで取り組んできたのが韓国です。韓国の人口は5000万人強で、もともと人口も経済規模も大きくないので、国内需要だけで勝負することの限界を多くの国民が理解しています。だから優秀な若者はどんどん海外留学して「国内優良企業に勤める以上のこと」を目指す人が多いですし、英語スキルも日本より高いと言われています。

最たるものが韓国の芸能界で、国内市場規模を超えてグローバル展開していくことが前提になっています。今日のK－POPや韓流ドラマの人気の背景には、こうした国家的な戦略があったのです。

日本は中途半端に国内市場が大きかったので、これまでなんとなくドメスティックな産業だけで回せてきてしまいました。ただ、そろそろ日本もグローバルな方向にシフトせざるを得ないのではないかと思います。実際、優秀な学生の一部は、東京大学よりも海外有名大学を目指すようになってきているようです。

日本が内需に特化してきたことで生じた「ガラパゴス」と揶揄《やゆ》されるような独自の進化の中には、海外でも高く評価されているものも確かにあります。ある種の「珍味」

として、それらを戦略的に残すことも含めて、今後はもっと「世界に目を向ける」という姿勢が当たり前になってくると考えています。

もし日本がこのまま「日本病」を続ければ、何もしなくてもジリ貧になっていくことは避けられないでしょう。もしかしたら近い将来、今の新興国のような「安い労働力」側に日本がなっている可能性もあります。インバウンドの側面では「安くておいしくて親切な国」という位置づけでしたが、それがもっと進めば「人件費が安いわりに勤勉で優秀な人材が多い国」ということで海外企業が進出してくるかもしれません。

第一次産業に大きな可能性

こうしたなか、私が日本の産業の中で、特に大きな可能性を感じているのが第一次産業です。非常に品質が良いにもかかわらず、輸出が少なすぎるということで、国策としてもグローバル展開が推し進められています。

最近、その成果が出始め、農林水産物・食品輸出額は2021年に1・2兆円に達しました（図表7－4）。これは「2019年までに1兆円」という目標を、2年遅れで

図表7-4 日本の農林水産物・食品輸出額

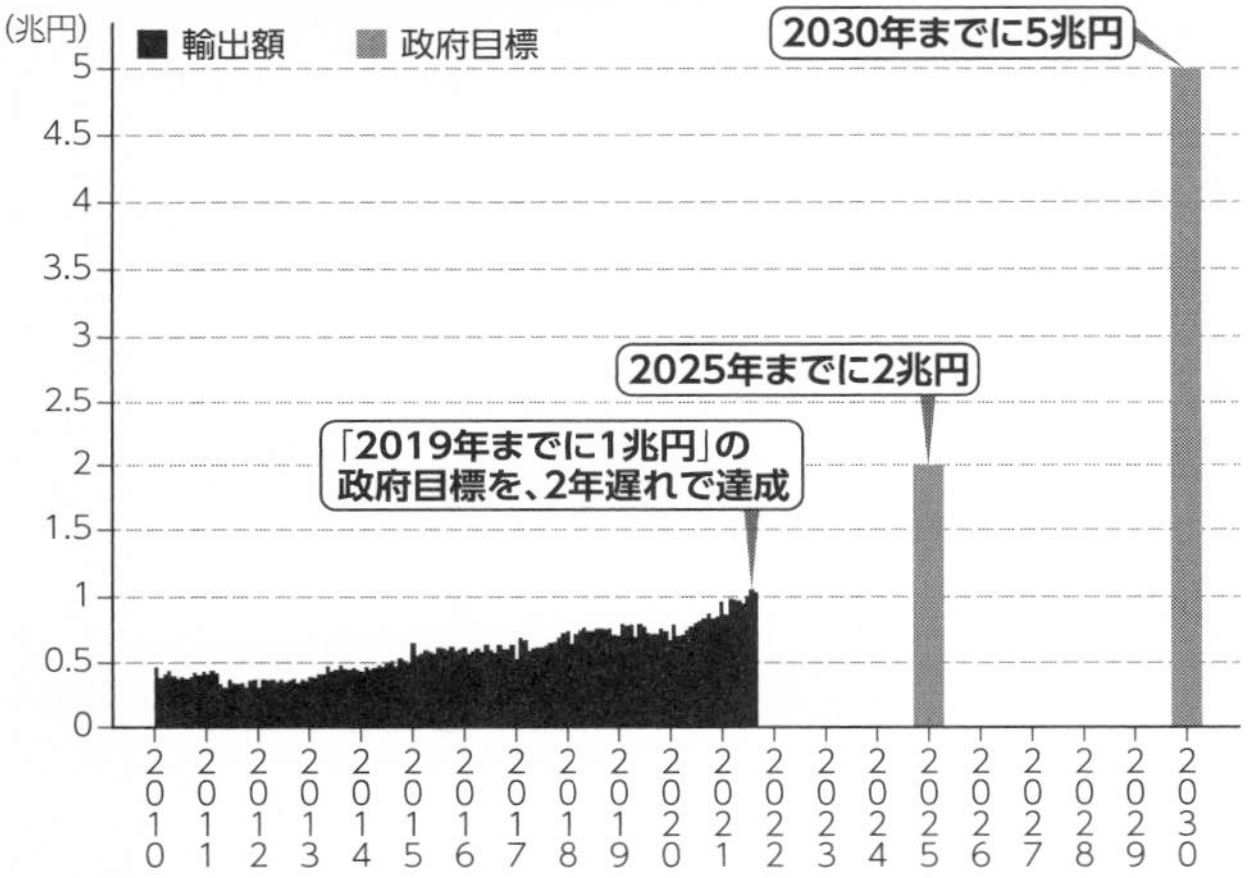

（出所）財務省

はありますが達成した、政府目標にしてはめずらしい成功例です。それだけ実力が伴っていたということの証左でしょう。

日本政府は、農産品・食料品輸出額を２０３０年に５兆円まで増やす目標を掲げていますが、コロナ以前、日本のインバウンド消費額は年間４兆８０００億円（２０１９年）でした。これはかなり大きな額で、実際に疲弊した地方都市、廃線寸前の鉄道沿線が再生するほどでした。このため、農産品・食料品も年間５兆円規模で輸出できたら、日本の経済は地方を中心にずいぶん底上げされることは間違いないでしょう。

図表7-5 主要各国のGDPに占める農林水産物・食品等輸出額の推移

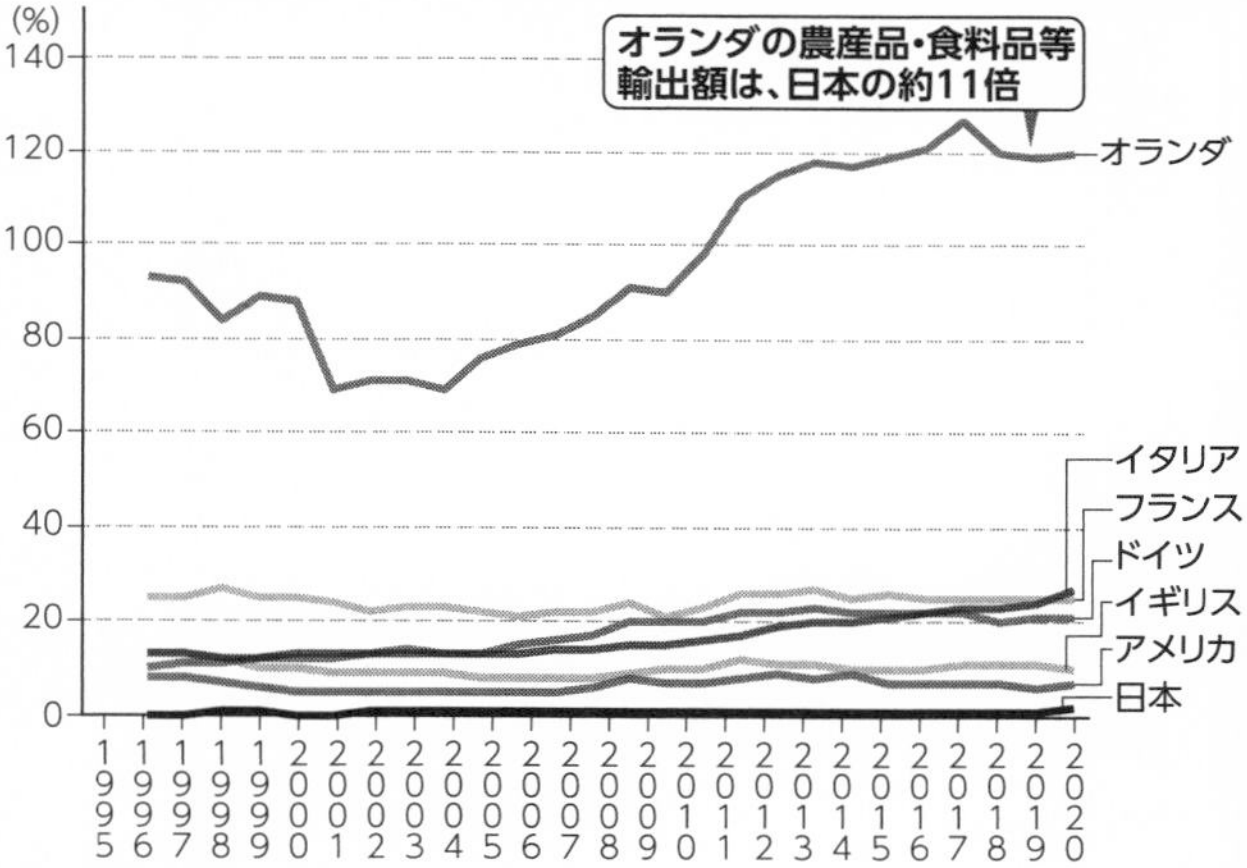

(出所)UNCTAD

国土も狭いし無理、と思われるかもしれませんが、実現可能な根拠があります。それがオランダです。

農産品・食料品輸出額の世界第1位はアメリカですが、オランダはなんと第2位につけています。オランダは国土面積4万1864平方キロメートル、人口1755万人（2020年9月）。面積も人口も九州と同じくらいの王国ですが、日本の輸出額の11倍も、農産品・食料品を輸出しています。

実際に、農林水産物・食品等輸出額のGDP比で見てみると（図表7－5）、オランダが飛び抜けて大きいことがわかります。一方、日本はほぼゼロで、いかに日本の農林水産物・食料品の輸出が少ないかをよく示しています。

オランダの農業の特徴は、ＩＴ技術を使い、プラント工場などで生産性と品質を高めて大量に生産していることです。国土が狭いため、アメリカのような大規模農業は望めない分、海外から素材を輸入する一方で、工夫して品質や付加価値の高いものを作り出しています。日本の農業も、この方向でやっていけるはずです。

また、漁業についてはノルウェーが盛んです。日本では一流大学卒の優秀な学生は、外資系のコンサルティング会社や投資銀行などに行きたいと思う人が多いようですが、ノルウェーではそういう優秀な学生の多くが漁業を希望するくらい、漁業が儲かっているそうです。日本は島国でこれだけ海に囲まれていることからすれば、やり方次第で漁業でもグローバルにもっと輸出を増やせるのではないかと思います。

農業や漁業をはじめ、新しい視点で見直し、国が積極的に企業の参入や人材に投資をしていけば、日本でもグローバルに稼げる産業がもっと育ち、増えていくはずです。

おわりに

少子高齢化により、日本の年金をはじめとする社会保障制度は危機的状況にある、と言われます。高齢者一人をみんなで支える「胴上げ型」から、ほぼ一人で支える「肩車型」になるので大変だというわけです。

しかし、これは本当に正しい問題設定なのでしょうか。

実際には、年金額は経済状況次第で大きく変わるものですし、年金制度がなくなることはまずあり得ないでしょう。事実、2019年に公表された公的年金の財政検証によれば、アベノミクス以降の女性や高齢者の就労増などにより、5年前の想定よりも年金財政は改善しています。

年金財政を悲観的に誤解する最大の原因は、支える側を「生産年齢人口」で見ていることです。「生産年齢人口」とは、年齢による区分けで、15歳以上65歳未満の人口のことを指します。

そして、「生産年齢人口（15歳〜64歳）÷従属人口（生産年齢人口以外の人口）」で見

「胴上げ型社会から肩車型社会へ」の虚像

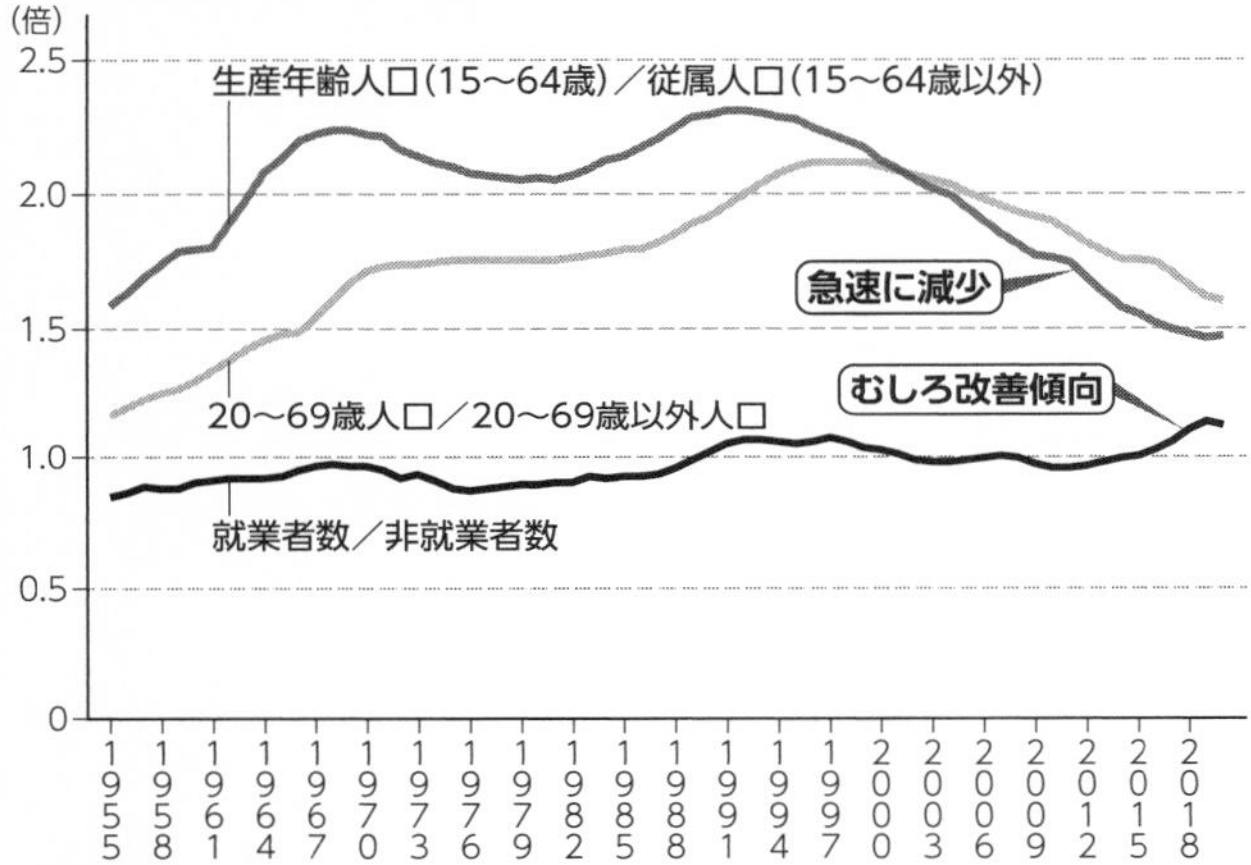

(出所)総務省

れば、グラフのように、たしかに急速に比率が下がっています。しかし、いくら年齢が若くても、働いていなければ「支える側」にはなりません。逆に65歳以上でも働いていれば「支える側」になり得ます。事実、「20〜69歳人口÷20〜69歳以外人口」の比率で見れば、低下は緩やかになります。

さらに、年金をはじめとする社会保障制度の本当の状態を表すのは、年齢に関係なく「支える側÷支えられる側」、つまり、「就業者数÷非就業者数」の値になるはずです。

グラフを見ると、まったく悪化していないどころか、むしろ改善しています。改善している理由は、女性の社会進出で共働きが当たり前になったことや、シニアが働きやすくなったことで、特にアベノミクス以降に女性や高齢者で働く層が増えたことなどがあるでしょう。

働いている高齢者は「支える側」に回ることができるし、何より基礎年金の半分は消費税でまかなわれていますので、女性や元気な高齢者が働きやすい環境をより整備し、働き手を増やすことで超高齢化社会を十分乗り切れる余地はあるのです。

もちろん、そのためには働くシニアも応分に負担すべく社会保障制度を適宜修正していくことも必要でしょう。まずは「胴上げ型社会から肩車型社会へ」を前提とした社会保障亡国論は虚像であることを多くの国民が理解し、社会保障の担い手を増やせば危機的状況になるとは限らないことへの理解が広がれば、人々の不安も減るでしょう。

そもそも、日本は世界的にも公的年金が充実している国です。少なくとも5年ごとに行われる公的年金の財政検証でも、今のところ制度自体は持続可能となっています。一方、アメリカでは若い頃から資産運用などをして将来の生活費を稼ぐことが定着しています。資産運用といっても、デイトレーディングをするというより、毎月コツコツとインデックスファンドに投資するということを多くの人が行っています。

インデックスファンドとは、日経平均やNYダウなどの株価指数（インデックス）と連動した運用を目指す投資信託のことです。例えばアメリカの代表的な500銘柄の株価を基に算出される「S&P500」というインデックスファンドは、これまで米国株が好調だったという理由もあり、直近20年間の年平均利回りは7％もあります。

もちろん上がったり下がったりはしますけれど、仮に長期的に7％程度の利回りとすると、毎月10万円ずつS&P500に入れていけば、20年で5000万円以上になる計算です。タンスに貯めておいたら2400万円にしかなりませんから、その差は歴然です。こうしたことを、もっと日本の教育現場で教えたらよいのではと思います。

日本では「年金だけでは老後資金が2000万円足りない」と騒がれていますが、足りないのが2000万円なら、20年間毎月4万円ほどの投資で済むことになります。

このように「お金にも働いてもらう」方法を有効活用すれば、将来の不安をずいぶん軽減することができるのではないでしょうか。不安が軽減すれば、将来のために貯めるしかなかったお金を、今のために使おうという気持ちも生まれやすくなります。

こうしてデフレマインドが氷解していけば、徐々に景気は上向くでしょう。

もちろん、現時点で月4万円の投資がかなわない人々もいるでしょう。しかし、全体の景気が上がることで給料も上がりやすくなるでしょうし、社会保障財政も改善が見込めます。こうなれば、まさに正しい「分配」ができるようになるのです。

「景気は気から」と言いますが、あながちない真実だと思います。

日本が長期デフレに陥った諸悪の根源は、日本人の努力不足などではなく、過去の政府や日銀の経済政策の失敗です。それによってもたらされた過度の将来不安を、いろいろなところから解凍していくことができれば、日本が復活できるチャンスは大いにあるのです。

講談社現代新書　2661

日本病《にほんびょう》　なぜ給料《きゅうりょう》と物価《ぶっか》は安《やす》いままなのか

二〇二二年五月二〇日第一刷発行

著　者　永濱利廣《ながはまとしひろ》　

発行者　鈴木章一

発行所　株式会社講談社
東京都文京区音羽二丁目一二—二一　郵便番号一一二—八〇〇一

電　話　〇三—五三九五—三五二一　編集（現代新書）
〇三—五三九五—四四一五　販売
〇三—五三九五—三六一五　業務

装幀者　中島英樹

印刷所　株式会社ＫＰＳプロダクツ

製本所　株式会社国宝社

定価はカバーに表示してあります　Printed in Japan

N.D.C. 333　173p　18cm
ISBN978-4-06-528398-1

「講談社現代新書」の刊行にあたって

教養は万人が身をもって養い創造すべきものであって、一部の専門家の占有物として、ただ一方的に人々の手もとに配布され伝達されうるものではありません。

しかし、不幸にしてわが国の現状では、教養の重要な養いとなるべき書物は、ほとんど講壇からの天下りや単なる解説に終始し、知識技術を真剣に希求する青少年・学生・一般民衆の根本的な疑問や興味は、けっして十分に答えられ、解きほぐされ、手引きされることがありません。万人の内奥から発した真正の教養への芽ばえが、こうして放置され、むなしく滅びさる運命にゆだねられているのです。

このことは、中・高校だけで教育をおわる人々の成長をはばんでいるだけでなく、大学に進んだり、インテリと目されたりする人々の精神力の健康さえもむしばみ、わが国の文化の実質をまことに脆弱なものにしています。単なる博識以上の根強い思索力・判断力、および確かな技術にささえられた教養を必要とする日本の将来にとって、これは真剣に憂慮されなければならない事態であるといわなければなりません。

わたしたちの「講談社現代新書」は、この事態の克服を意図して計画されたものです。これによってわたしたちは、講壇からの天下りでもなく、単なる解説書でもない、もっぱら万人の魂に生ずる初発的かつ根本的な問題をとらえ、掘り起こし、手引きし、しかも最新の知識への展望を万人に確立させる書物を、新しく世の中に送り出したいと念願しています。

わたしたちは、創業以来民衆を対象とする啓蒙の仕事に専心してきた講談社にとって、これこそもっともふさわしい課題であり、伝統ある出版社としての義務でもあると考えているのです。

一九六四年四月　野間省一